MIX
Papier aus verantwortungsvollen Quellen
Paper from responsible sources
FSC® C105338

Kai Wichelmann

Wirkungsfaktoren von Social Media Recruiting

Eine Analyse aus Sicht einer studentischen Zielgruppe

Diplomica Verlag GmbH

Wichelmann, Kai: Wirkungsfaktoren von Social Media Recruiting: Eine Analyse aus Sicht einer studentischen Zielgruppe, Hamburg, Diplomica Verlag GmbH 2013

Buch-ISBN: 978-3-8428-8732-9
PDF-eBook-ISBN: 978-3-8428-3732-4
Druck/Herstellung: Diplomica® Verlag GmbH, Hamburg, 2013

Bibliografische Information der Deutschen Nationalbibliothek:
Die Deutsche Nationalbibliothek verzeichnet diese Publikation in der Deutschen Nationalbibliografie; detaillierte bibliografische Daten sind im Internet über http://dnb.d-nb.de abrufbar.

Das Werk einschließlich aller seiner Teile ist urheberrechtlich geschützt. Jede Verwertung außerhalb der Grenzen des Urheberrechtsgesetzes ist ohne Zustimmung des Verlages unzulässig und strafbar. Dies gilt insbesondere für Vervielfältigungen, Übersetzungen, Mikroverfilmungen und die Einspeicherung und Bearbeitung in elektronischen Systemen.

Die Wiedergabe von Gebrauchsnamen, Handelsnamen, Warenbezeichnungen usw. in diesem Werk berechtigt auch ohne besondere Kennzeichnung nicht zu der Annahme, dass solche Namen im Sinne der Warenzeichen- und Markenschutz-Gesetzgebung als frei zu betrachten wären und daher von jedermann benutzt werden dürften.

Die Informationen in diesem Werk wurden mit Sorgfalt erarbeitet. Dennoch können Fehler nicht vollständig ausgeschlossen werden und die Diplomica Verlag GmbH, die Autoren oder Übersetzer übernehmen keine juristische Verantwortung oder irgendeine Haftung für evtl. verbliebene fehlerhafte Angaben und deren Folgen.

Alle Rechte vorbehalten

© Diplomica Verlag GmbH
Hermannstal 119k, 22119 Hamburg
http://www.diplomica-verlag.de, Hamburg 2013
Printed in Germany

Zusammenfassung

Die vorliegende Fachbuch fokussiert sich auf eine zeitaktuelle Analyse des Themas Social-Media-Recruiting vor dem Hintergrund von Generationsaspekten. Der theoretische Hintergrund des Buches zeigte auf, dass Social-Media-Recruiting zunehmend eine höhere Bedeutung aufweist, im Vergleich zu klassischen Recruiting-Angeboten allerdings lediglich als Ergänzungskanal zu charakterisieren ist. Es wurde deutlich, dass die Generation Y soziale Netzwerke nutzt, um sich über potenzielle Arbeitgeber zu informieren. Dies erfordert von Unternehmensseite aus, die passgenaue Einhaltung von Kommunikationsregeln. Die Generation Y fordert einen authentischen und feedbackorientieren Dialog. Durch Employer Branding-Maßnahmen sind Unternehmen heute mehr als früher gefordert, ihre Kommunikation aus der Perspektive der jungen Zielgruppe zu entsprechen. Anhänger der Generation Y besitzen hohe Ansprüche an ihren Arbeitgeber: Ein gutes Betriebsklima, eine intakte Work-Life-Balance und Weiterbildungsmöglichkeiten werden eingefordert. Dies bedeutet, dass Unternehmen bei der Ansprache über soziale Netzwerke den Eindruck vermitteln müssen, diese geforderten Aspekte zu bedienen. Bei der Betrachtung der Recruitingmöglichkeiten über soziale Netzwerke zeigt sich die Branchendynamik des Personalbeschaffungssektors. Recruiting ist heute potenziell über mehre Kanäle möglich. Dabei wird offenkundig, dass sich nicht alle Kanäle in gleicher Weise eignen. Das Businessnetzwerk XING wird am meisten genutzt und eignet sich nach aktuellem Stand am besten für Recruiting-Maßnahmen. Andere Netzwerke, wie der Microblogging-Dienst Twitter bedienen Nischensegmente. Ferner zeigt dieses Buch auf, dass die Ansprache an potenzielle Bewerber, durch die Digitalisierung so einfach wie nie zuvor ist, aber rechtliche Rahmenbedingungen zu beachten sind. Dazu zählen in besonderer Weise die Bestimmungen des § 7 UWG, die eine Einwilligung des Nutzers für die Kontaktaufnahme voraussetzt. Wie Social-Media-Recruiting heutzutage funktionieren kann, wurde exemplarisch am Beispiel Bertelsmann aufgezeigt. Hier wurde deutlich, dass fortschrittliche Kommunikation in der crossmedialen Anwendung zu suchen ist.

Die explorative Studie des vorliegenden Buches richtete sich an Studenten in Deutschland. Es konnten insgesamt 204 Studenten für die Umfrage rekrutiert werden. In dieser Studie wurden Generationsmerkmale der Generation Y, Aspekte des Social-Media-Recruitings, die qualitative Bewertung von Recruitingportalen, das Thema Datenschutz und die Bewertung von Zukunftsaussichten im Bereich Social-Media-Recruiting behandelt. Es wurde aufgezeigt, dass der studentischen Zielgruppe der Begriff der Generation Y nur mäßig bekannt ist, der Umgang mit digitalen Medien als Hauptcharakteristika der Generation Y von der studentischen Zielgruppe erkannt wird. Social-Media-Recruiting wird von der studentischen Zielgruppe als Ergänzungskanal charakterisiert, dessen Bedeutung in der Zukunft zunehmen wird, aber klassische Recruiting-Methoden nicht substituieren wird. Die qualitative Bewertung von Recruitingportalen zeigte, dass XING von der studentischen Zielgruppe als bestes und bekanntestes Social-Media-Recruitingportal eingeschätzt wird. Die vier Aspekte Businessbezug, starke Vernetzung, Seriosität und die gezielte Bewerbersuche sind dabei entscheidende Vorteile. Ob ein Unternehmen Recruiting über Social Media anwendet, sei von der Branche, als auch von der Expertise abhängig. Hypothetische Jobanfragen sind aus Sicht der studentischen Zielgruppe innerhalb eines Tages zu beantworten, ansonsten führe dies zu Imageschäden. Ein authentischer und Social Media basierter Dialog wird gefordert, um eine zeitgemäße Kommunikation zu ermöglichen. Beim Thema Datenschutz zeigte sich ein indifferentes Bild. Nur etwa die Hälfte der Befragten, findet es richtig, dass die Unternehmen Zugriff auf Social Media-Daten haben, gleichzeitig wird diese Praktik als notwendige Maßnahme im Bereich Personalbeschaffung gesehen. Nicht personalisierte Jobangebote über Social Media werden von der studentischen Zielgruppe als kritisch eingestuft, werden allerdings positiver bewertet, wenn das Unternehmen bekannt ist und Referenzen aufweisen kann. Die in der Literatur aufgezeigten Zukunftsmöglichkeiten, wie das Mobile Recruiting werden als Zukunftsmodelle angesehen, von der studentischen Zielgruppe allerdings noch wenig genutzt.

Abstract

This work focuses on an up-to-date analysis of Social Media Recruiting based on the background of generational aspects. The theoretical background of this work shows that Social Media Recruiting is increasing in importance in comparison to classical possibilities of recruiting, although it can only be characterised as an additional channel. It has become apparent that Generation Y uses social media to inform themselves about possible employers. This assumes the necessity of anadherence to communication rules. Generation Y demands a dialog, which is authentic and feedback-oriented. Through employer branding measures, companies are more than ever requested to understand communication from the point of view of this young target group. Members of Generation Y possess high requirements in regards to their employers. A good working atmosphere, an intact work-life-balance and the possibility of advanced trainings are wanted. This means that companies must suggest that these requirements are fulfilled when they communicate over social networks. On closer examination of the recruiting possibilities within social networks a dynamic personal recruitment industry could be shown. Today recruiting is possible through many different channels. It became an obvious fact, that not all recruiting channels are equally suitable. The business network XING is used most frequently and most suitable for recruiting methods. Other networks, such as the micro-blogging service Twitter operate in niche segments. This work also shows, that communication with potential applicants is simpler than ever, although legal frameworks need to be followed. The regulations in § 7 UWG have made clear, that the user acceptance is essential for the contact. How social media could be used today was shown using the example of Bertelsmann. In this example, it became obvious, that advanced communication lies in the practice of using crossmedia.

The explorative study of this work was directed towards students in Germany. Altogether 204 students could be recruited for this study. In this study generational characteristics of Generation Y, Social Media Recruiting aspects, the qualitative evaluation of recruiting networks, privacy protection issues, and the evaluation of future prospects concerning Social Media Recruiting are discussed. It could be demonstrated that the term "Generation Y" is only moderately known in the student target group. The exposure to digital media as a main characteristic of Generation Y was identified by the students. Social media recruiting is characterized as supplementary canal, which an increasing importance in the future, although it can't replace traditional recruiting methods. The qualitative evaluation of different recruiting networks reveals that XING is the best and most well known network. The four aspects - reference to business, strong connection, reliability and pointed applicants research - are essential aspects. Whether a company uses social media depends on the industry and expertise. From the point of view of the target group, hypothetical job requests should be answered within the period of one day. If not, it could result in damage to the company's image. A dialog which is authentic and based on social media is demanded by the student target group to make a contemporary communication possible. The target group was indifferent to the issue of data protection. Only half of the students support the idea, that companies have access to social media data, simultaneously this method is essential for personal research. Non-personalized job offers within social media are seen critically, but they are better evaluated when the company is well known and references are detectable. The future possibilities of social media recruiting, as shown in the literature in literature, as well as mobile recruiting are well known by the student target group, but are not used very often.

INHALTSVERZEICHNIS

ZUSAMMENFASSUNG 1

ABSTRACT 3

ABBILDUNGSVERZEICHNIS 7

TABELLENVERZEICHNIS 8

1 EINLEITUNG 9

2 THEORETISCHER HINTERGRUND 11

    2.1. Einordnung des Begriffs Recruiting und klassische Instrumente des Recruitings 11

    2.2. Einordnung des Begriffs Social Media 14

    2.3. Social-Media-Recruiting im Umfeld der Generation Y 15

        2.3.1. Definition Social-Media-Recruiting 15

        2.3.2. Generation Y: Eigenschaften und Erwartungen 17

    2.4. Recruitingbausteine: Kommunikationsregeln, rechtliche Rahmenbedingungen und SEO 21

        2.4.1 Kommunikationsregeln im Social-Media-Recruiting unter Berücksichtigung des Kulturwandels 22

        2.4.2. Rechtliche Rahmenbedingungen im Social-Media-Recruiting 23

        2.4.3. Suchmaschinenoptimierung als Werkzeug der Zielgruppenansprache 27

    2.5. Social-Media-Recruiting: Webbasierte Kommunikation 29

        2.5.1. Nutzen und Risiken von Recruitingportalen 29

        2.5.2. Übersicht über zentrale Recruitingportale und Vorgehensweise .. 30

        2.5.3. Weitere Portale und Anwendungsfelder 35

    2.6. Social-Media-Recruiting am Beispiel Bertelsmann 37

    2.7. Zukunftsaussichten im Bereich Social-Media-Recruiting 39

        2.7.1. Erfolgsfaktoren und Hemmnisse 39

        2.7.2. Mobiles E-Recruiting und Gamification als Zukunftsfaktor 40

        2.7.3. Weitere Perspektiven und Ausblick 42

3. EXPLORATIVE STUDIE 44

3.1. Begründung der explorativen Studie 44

3.2. Methodik 45

    3.2.1. Datenerhebung 45

    3.2.2. Befragungsmethode 46

    3.2.3. Fragebogen 47

    3.2.4. Pretest 48

3.3. Ergebnisdarstellung 49

    3.3.1. Rücklaufquote 49

    3.3.2. Auswertung des Fragebogens 49

        3.3.2.1. Bekanntheit und Eigenschaften der Generation Y 49

        3.3.2.2. Bekanntheit und Assoziationen mit dem Begriff Social-Media-Recruiting 51

        3.3.2.3 Bekanntheit verschiedener Recruitingportale 53

        3.3.2.4. Qualitative Bewertung von Recruitingportalen 55

        3.3.2.5 Bewertung von Erwartungen an Social-Media-Angebote von Unternehmen 59

        3.3.2.6. Datenschutz im Social-Media-Recruiting 64

        3.3.2.7 Bewertung von Zukunftsaspekten im Social-Media-Recruiting 68

4. DISKUSSION UND KRITISCHE REFLEXION 72

4.1. Interpretation der Ergebnisse 72

4.2. Kritische Reflexion 77

5. FAZIT UND IMPLIKATIONEN FÜR DIE ZUKUNFT 79

LITERATURVERZEICHNIS 82

ANHANGSVERZEICHNIS 87

Abbildungsverzeichnis

Abb.1: Einordung des Begriffs der Personalbeschaffung 12

Abb.2: Nutzungshäufigkeiten Social-Media-Netzwerke im Jahr 2011 16

Abb.3: Erwartungen der Generation Y an die Berufstätigkeit 18

Abb.4: Aktivitäten der US Adults innerhalb der letzten 24 Stunden 18

Abb.5: Ergebnisse zum Nutzen von Social Media 21

Abb.6: Nutzungsentwicklung von Twitter in Deutschland 33

Abb.7: Exemplarisches Titelbild der Kampagne: „Create your own career" auf der Webseite 37

Abb.8: Bekanntheit des Begriffs Generation Y. 49

Abb. 9: Darstellung über die Einschätzung der primären Merkmale der Generation Y 50

Abb 10: Bekanntheit des Begriffs Social-Media-Recruiting 51

Abb.11: Konkrete Vorstellung bei der Nennung des Begriffs Social-Media-Recruiting 52

Abb 12: Nutzungshäufigkeiten der Unternehmen von Recruitinginstrumenten 58

Abb.13: Bewertung von Aussagen über Social-Media-Angebote 60

Abb.14: Bekanntheit des Begriffs Social-Media-Guideline 65

Abb.15: Einstufung der Akzeptanz auf Datenzugriff seitens der Unternehmen 65

Abb.16: Einschätzung der Zukunftsaussichten von Social-Media-Recruiting 69

Abb.17: Einschätzung des Verhältnisses von Social-Media-Recruiting und klassischen Instrumenten des Recruitings 70

Tabellenverzeichnis

Tab.1: Kommunikationsregeln in Anlehnung an Bieber, Blükle & Mahlmann 23

Tab.2: Assoziationen mit dem Begriff Social-Media-Recruiting 52

Tab.3: Darstellung der Bekanntheit verschiedener Recruitingportale 53

Tab.4: Darstellung der Bekanntheit der Portale für aktive Jobsuche 54

Tab.5: Darstellung der Bekanntheit der Portale für passive Jobsuche 54

Tab.6: Qualitative Bewertung des Portals XING anhand von Aussagen von Probanden. 56

Tab.7: Qualitative Bewertung verschiedener Recruitingportale anhand von Aussagen der Probanden. 57

Tab.8: Darstellungen der Abhängigkeitsfaktoren für die Verwendung von Social-Media-Angeboten. 59

Tab.9: Darstellung von Unternehmensangeboten 61

Tab.10: Reaktionserwartung an Unternehmen auf Stellenanfrage 62

Tab.11: Imagebewertung bei ausbleibender Unternehmenskommunikation 63

Tab.12: Verhaltensweisen bei ausbleibender Unternehmenskommunikation 64

Tab.13: Verhaltensweisen der studentischen Zielgruppe bei einer Jobanwerbung 66

Tab.14: Bewertung der Wirkung von nicht personalisierten Jobanfragen 67

Tab.15: Abhängige Faktoren bei der Jobanafrage 68

Tab.16: Einschätzung der Bedeutungszunahme verschiedener Recruitinginstrumente 69

Tab.17: Bewertung des Gamification-Modells. 71

1 Einleitung

> *„Ich glaube, dass nur der erfolgreich ist, der seine Handlungsweise mit dem Zeitgeist in Einklang bringt, so wie der erfolglos sein wird, dessen Vorgehen nicht mit den Zeitverhältnissen übereinstimmt"* (Machiavelli, 1469 – 1527).

In einer Zeit crossmedialer Auffächerung, bedingt durch die dynamischen Prozesse des Internets, haben sich in diversen Branchen Kommunikations - und Geschäftsmodelle verändert.

Die Branche der Personalbeschaffung galt lange Zeit als undynamisch. Klassische Methoden des Personalrecruitings waren maßgeblich. Anhand sozialer Netzwerke ist die Ansprache auf Unternehmensseite erleichtert, wenn es um das Herantreten an potenzielle Bewerber geht. Bedingt durch diese Dynamik, setzen sich Unternehmen einer sehr viel höheren Transparenz aus. Das Auftreten in sozialen Netzwerken ist daher an Bedingungen geknüpft. Neben normalen Stakeholdern[1], wie der Öffentlichkeit oder Kunden, können potenzielle Bewerber bereits einen umfassenden Einblick in ein Unternehmen erlangen. Das Unternehmen bindet sich durch einen Social-Media-Auftritt an die Verpflichtung, Interessenten zu informieren und aktiv den Austausch zu suchen. In den Erwartungen und Lebensphilosophien der sogenannten Generation Y offenbart sich eine neue Form der Bewerberemanzipation: Bewerber erwarten Kommunikation auf Augenhöhe und entscheiden zunehmend auch nach individueller Passung. Aspekte, wie die Einhaltung von Social Responsibility, oder die Art und Weise, wie ein Unternehmen sich in Netzwerken präsentiert und äußert, können eine Vorselektion auf Rezipientenseite bewirken. Unternehmen sind zum sensiblen Umgang mit diesen Gegebenheiten angewiesen (Heymann-Reder, 2011).

Anders als noch vor Jahren, sind Unternehmen vermehrt dazu aufgefordert, ein digitales Netzwerk auszubilden. Dies wiederum ist an Kommunikationsregeln geknüpft, die im Verlauf dieser Arbeit aufgegriffen werden. Einen großen Raum nimmt das Thema Datenschutz beim Social-Media-Recruiting ein. Welche Formen der Ansprache zu wählen sind und wo juristische Stolpersteine zu erwarten sind, sind ebenfalls Behandlungspunkte dieser Arbeit.

Zunächst erfolgen eine Einordnung des klassischen Recruitingbegriffs, sowie eine Übersicht über Instrumente des klassischen Recruitings (Kapitel 2.1.) Daran anknüpfend wird der Begriff Social Media analysiert (Kapitel 2.2.), um dann eine konkrete Definition des Begriffs Social-Media-Recruiting zu konzipieren, vor dem Hintergrund

---

[1] Anteilseigner, die Interessen an Unternehmen besitzen.

generationaler Beeinflussungen durch die Generation Y (Kapitel 2.3.) Im Folgenden soll der Frage nachgegangen werden, welche Bausteine zu einer strategischen Herangehensweise des Social-Media-Recruitings gehören, dabei werden Kommunikationsregeln genannt und es wird verdeutlicht, welche Kommunikationsregeln im Social-Media-Dialog angewandt werden sollten. Gerade in Zeiten von Social Media ist das Thema Datenschutz ein sensibles Thema. Die aktuellen Prism-Skandale in Zusammenhang mit dem Geheimdienst der USA (Stoeker, 2013) zeigen die Brisanz dieses Themas. Wie Datenschutz heutzutage möglich ist und an welche Reglementierungen er im Umfeld von Social Media gebunden ist, wird im Abschnitt 2.4.2 erörtert. Um sich als Unternehmen zu positionieren und für potenzielle Bewerber einen Zugang zu ermöglichen, ist Suchmaschinenoptimierung ein probates Tool. Die Erkenntnisse zu diesem Thema werden im Abschnitt 2.4.3 genauer betrachtet. In Kapitel 2.5 erfolgt ein detaillierter Blick auf verschiedene Recruitingportale, auf den Nutzen und die Risiken eingegangen. Im Kapitel 2.6 wird Social-Media-Recruiting am Beispiel Bertelsmann vorgenommen, mit einer differenzierten Betrachtung der Kampagne: „Create your own career". Im letzten Kapitel (2.7) des theoretischen Hintergrunds der Arbeit werden die Zukunftsaussichten im Bereich Social-Media-Recruiting beleuchtet.

Die explorative Studie wird in Kapitel 3 diskutiert. Nachdem eine Darlegung des methodischen Aufbaus erfolgt, wird der Fragebogen in Kapitel 3.2 ausgewertet. In Kapitel 4 wird die Interpretation der Ergebnisse vollzogen und anschließend kritisch reflektiert. Final wird ein Fazit über die Ergebnisse des theoretischen Hintergrunds und der explorativen Studie formuliert.

2 Theoretischer Hintergrund

Im theoretischen Teil der Arbeit wird eine thematische Aufbereitung erfolgen, die dem Prinzip der Trichterung Folge leistet (Kromrey, 1994). Um eine Hinwendung zum Thema des Social-Media-Recruitings zu gewährleisten, wird zunächst der aus der Personalpsychologie stammende Begriff des Recruitings näher beleuchtet. Ausgehend von klassischen Instrumenten des Recruitings, wird eine Justierung und Einordnung des Social-Media-Begriffs hergestellt. Dann erfolgt die konkrete Analyse der Thematik des Social-Media-Recruitings.

2.1. Einordnung des Begriffs Recruiting und klassische Instrumente des Recruitings

Der Begriff des Recruitings stammt aus dem Themenfeld der Personalbeschaffung. Die Personalbeschaffung ist als Teilfunktion der Personalwirtschaft zu charakterisieren, mit dem Ziel Personal in quantitativer, zeitlicher und räumlicher Art und Weise zu beschaffen. Grundsätzlich wird der Bedarf nach Personal an die Gegebenheit geknüpft, dass eine Unterversorgung an Personal vorliegend ist. Wenn eine Unterdeckung des Personalbedarfs gegeben ist, dann kann auf alternative Methoden, wie das Personalleasing[2](Hörstmann-Jungemann, 2006) zurück gegriffen werden. Recruiting ist ein Instrument der Personalbeschaffung. In der Literatur sind drei zentrale Instrumente der Personalbeschaffung definiert. An erster Stelle können Anreizinstrumente charakterisiert werden. Diese können immateriell oder materiell sein, oder sich schlichtweg aus Anreizen des Arbeitsplatzes ergeben. Im engeren Sinne fächert sich Personalrecruiting in verschiedene Beschaffungsinstrumente auf. Das können klassische Instrumente der Personalbeschaffung sein (Stellenanzeigen, Recruitingmessen) oder neuartige, Social Media gestützte Recruitinginstrumente (Online-Jobbörsen, Recruiting über Social-Media-Kanäle) (Wirtschaftslexikon Gabler, 2013).

---

[2] Ein anderes Wort für das Leihen von Personal

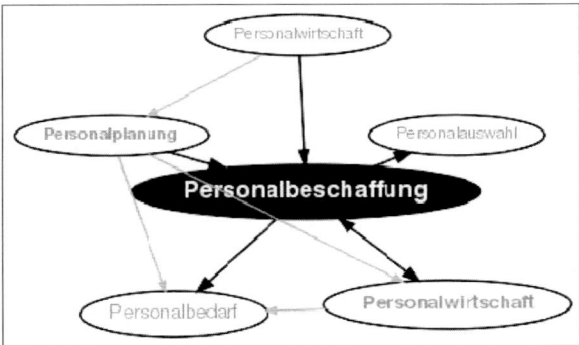

Abb. 1: Einordung des Begriffs der Personalbeschaffung (Wirtschaftslexikon Gabler, 2013, o. S.)

Im Folgenden soll ein Überblick über klassische Recruitinginstrumente gegeben werden, um dann im weiteren Verlauf eine Definition und Einordung des Begriffs Social Media vorzunehmen.

Die klassischen Mittel des Recruitings erfüllen weiterhin ihren Zweck, auch wenn Sie, durch die Verbreitung des Internets, teilweise an Bedeutung verlieren. Das Potenzial und die Nutzung haben sich verändert – für einige Zielgruppen eignen sich klassische Recruitingkanäle nach Aussage des Personalberaters Hermann Arnold nachwievor am Besten. Eine klassische Methode, die lange Zeit den Personalbeschaffungssektor dominierte, war die Möglichkeit über Zeitungsinserate Personal zu generieren. Stelleninserate über Zeitschriften und Publikationen sind als Beschaffungsmethode deutlich zurückgegangen. Viele Medienhäuser sind dazu übergegangen, eine Print-anzeige mit Verweisen auf die Online-Webseite aufzubereiten. Große Unternehmen verwenden Stellenanzeigen primär zur Imagewerbung und nutzen ebenfalls den Verweis auf die Online-Stellenanzeige. Experten halten eine Verwendung von Zeitungsinseraten dann sinnvoll, wenn hochdotierte Stellen für Fach-und Führungs-kräfte ausgeschrieben werden und eine Zielgruppensprache von generell älteren Mitarbeitern vorgenommen werden soll. Auch die Branche spielt eine Rolle. Vor allem innovationsresistentere Branchen, wie kaufmännische oder handwerkliche Berufe, verlangen nach dieser klassischen Form der Ansprache (Arnold, 2012).

Plakate und Aushänge

Diese Recruitingmethode mittels Plakaten und Aushängen hat in den letzen Jahren an Bedeutung verloren. Der hohe Aufwand rechnet sich in vielerlei Hinsicht nicht mehr. Dennoch gibt es auch heute noch Möglichkeiten Plakate und Aushänge als Recruiting-kanäle zu nutzen. Grundsätzlich sind Orte sinnvoll, die sehr hoch frequentiert sind. Dabei ist auf eine passgenaue Frequentierung zu achten. Je nachdem welche Zielgruppe man erreichen möchte, so bieten sich Ausbildungsinstitute an. Genauso aber Orte an denen Zielgruppen warten (Bahnhöfe, Haltestellen...). Kurzum: Orte, an denen sich Menschen über einen längeren Zeitraum aufhalten (Oechsler, 2010; Arnold, 2012).

Karriereveranstaltungen

Ein immer noch bewährtes Konzept, das in mehreren Formen angeboten werden kann sind Karriereveranstaltungen. Oft in bewährter Form als *Career Day* an Universitäten, oder in Unternehmen selbst. Diese Veranstaltungen dienen der „Orientierung, Anregung und Hilfestellung" (Carrer Day Medizin, 2013, o. S.). Eine Aufklärung über individuelle Karrieremöglichkeiten sowohl für Studenten, als auch für im Beruf befindliche Menschen ist Ziel solcher Veranstaltungen. Zudem können wichtige Kontakte geknüpft werden. Als zentraler Vorteil ist der Direktkontakt zu sehen, der schon Aussagen zur Chemie zwischen potenziellen Bewerber und Unternehmen zulässt. Job-und Karriereveranstaltungen eignen sich vor allem dann, wenn es um das Thema Absolventenmarketing oder um Imagepflege gegenüber zukünftigen Arbeitskräften geht (Arnold, 2012).
Personalberatungen

In der heutigen Zeit ist der Einsatz von Personalberatungen immer noch gängige Praxis, gerade wenn es um die Besetzung von schwer zu besetzenden Stellen geht. „Headhunter oder Personalberatungen werden von mittelständischen und großen Unternehmen beauftragt, um besondere Fachkräfte oder Führungspersonen zu suchen und zu rekrutieren" (Arbeitsratgeber, 2013, o. S.). Diese Option an Stellen zu gelangen, wird vor allem von älteren Stellensuchenden genutzt, um einen „anonymen Erstkontakt" (Arnold, 2013, S.37) herzustellen. Unternehmen greifen auf Personalberatungen zurück, wenn sie selber bei der Besetzung der Stelle gescheitert sind, oder nicht in Verbindung mit der zu besetzenden Stelle genannt werden möchten. Eine Vermittlungsgebühr, die bei 10-20 % des Jahresgehalts der Berater liegt, macht den Einsatz von Personalberatungen zu einer Entscheidung mit benötigter Vorlaufzeit. Diese Gegebenheit führt auch zu arbeitspraktischer Selektion. Den Einsatz einer Personalberatung ist an die Gegebenheit geknüpft, dass genügend finanzieller Spielraum gegeben ist. Dies bedeutet im Umkehrschluss, dass prosperierende, finanzielle Mittel, sowohl auf Bewerber, als auch auf Unternehmensseite unabdingbar sind, um den Einsatz von Personalberatungen möglich werden zu lassen (Arnold, 2012).

Zusammenfassend kann konstatiert werden, dass der Einsatz von Personalberatungen vor allem dann sinnvoll ist, wenn:

- Stellen schwer zu besetzen sind.
- Das Unternehmen unerkannt bleiben möchte.
- ein aufwändiges und kritisches Auswahlverfahren bevor steht.
- Der Rücklauf schlecht ist.
- bei finanzieller Möglichkeit.

Aus den genannten Punkten geht hervor, dass der Einsatz von Personalberatungen tendenziell nicht in den Sphären einer jungen, studentischen Zielgruppe liegt (Arnold, 2012).

Nachdem ein Überblick über zentrale Instrumente des klassischen Recruitings gegeben wurde, soll nun eine Hinwendung zum Themenkern folgen. Im weiteren Verlauf der Arbeit soll eine Hinleitung zum Social-Media-Recruiting erfolgen. Dies wird über die Definition und Einordnung des Begriffs Social Media möglich.

2.2. Einordnung des Begriffs Social Media

Die Verwendung des Begriffs Social Media findet seinen Ursprung zu Beginn des Jahrtausends. Social ist von dem lateinischen Wort *socius* abgeleitet und lässt sich mit „gemeinsam, verbunden, verbündet" (Bärmann, 2012, S.20) übersetzen. Wird von Social gesprochen, dann geht es um Menschen, die eine Verbindung miteinander eingehen, zwecks Informationsaustausch und Solidarisierung. Grundsätzlich ist zwischen Plattformen mit kollaborativen Charakter, wie Wikipedia, Blogs, Microblogs (Twitter)[3] und Netzwerken, wie XING, LinkedIn oder Facebook zu unterscheiden, in denen es primär um Aspekte der Selbstpräsentation und Außenwirkung geht (Geißler, 2010). Die Autoren des Fachmagazins Wirtschaftswissenschaftliches Studium, stellen bei ihrer Definition vor allem das Gestaltungpotenzial und die „aktive Gestaltung der Inhalte durch kooperative Partizipation der Nutzer und Anbieter den Aufbau sozialer Netzwerke, mit dem Ziel der permanenten Vernetzung der Nutzer, sowie der Verteilung von Inhalten" (Wirtz & Elsäßer, 2012, S.513) in den Vordergrund. Nutzenrelevante Optionen ergeben sich über die Dialog- und Interaktionsfunktion mit den Nutzern von Social-Media-Angeboten (Wirtz & Elsäßer, 2012). Synonym für Social Media steht die Bezeichnung Web 2.0. Das Web 2.0 wiederum baut auf der Technologie des Web 1.0

---

[3] Social-Media-Angebote mit wenig expliziter Information über die Nutzer.

auf. Im Web 1.0 wurden webbasierte Informationen zur Verfügung gestellt, im Web 2.0 ist „User generated Content"[4] (Bauer, 2013, S.2) maßgeblich bei der Weitergabe von internetbasierten Informationen (Weise, 2011). Der Begriff Web 2.0 wurde erstmals 2004 benutzt, unter heutigen Gesichtspunkten meint er vordergründig die Partizipation der Nutzer durch aktive Mitgestaltung (Friedman, 2008).

2.3. Social-Media-Recruiting im Umfeld der Generation Y

Nachdem eine Definition und Einordnung des Begriffs Social Media gegeben wurde, soll nun auf Social-Media-Recruiting eingegangen werden.

2.3.1. Definition Social-Media-Recruiting

In der Literatur werden die Begriffe Recruiting und Social-Media-Recruiting oft in einem engen Zusammenhang genannt. Dennoch sind diese Begriffe zu unterscheiden: Recruiting ist die englische Bezeichnung für das deutsche Wort Personalbeschaffung (vgl. 2.1) und allgemeiner gefasst. Recruiting meint primär die Deckung eines vorher festgelegten Personalbedarfs. Innerhalb der Personalbeschaffung werden drei verschiedene Perspektiven eingenommen. Die langfristige Perspektive meint die Employer-Branding-Maßnahmen, also den langfristigen Aufbau einer Arbeitgebermarke. In der mittelfristigen Perspektive werden Personalmarketingmaßnahmen angewandt, in der kurzfristigen Perspektive geht es um die schnelle Besetzung einer Stelle. Im Gegensatz dazu ist Social-Media-Recruiting als webbasiertes Vorgehen zu verstehen, als ein Instrument der Personalbeschaffung. Social-Media-Recruiting geschieht anhand von Netzgemeinschaften und Sozialen Netzwerken (z.b. XING, Facebook, Google +, Twitter etc.). Auch hier steht die kurz-, mittel und langfristige Perspektive im Vordergrund. Eine weitere Differenzierung muss vorgenommen werden, wenn von „proaktive(m) Candidate Sourcing" (Brickwedde, 2013, o. S.) die Rede ist, dann ist damit die kurz bis mittelfristige Stellenbesetzung durch soziale Netzwerke oder Netzgemeinschaften gemeint. „Erfolgreiches Recruiting stellt eine nachhaltige Akquisition von passgenauen, talentierten Mitarbeitern und Mitarbeiterinnen dar" (Bieber & Salmen, 2012, S.182). Prinzipiell werden interne und externe Personalbeschaffungswege unterschieden. Der Bereich der externen Personalbeschaffung spielt für das Social-Media-Recruiting eine entscheidende Rolle. Welche Rolle Social-Media-Recruiting aus Sicht der Unternehmen einnimmt, ist in der nachfolgenden Grafik (siehe Abbildung 2) zusammengefasst.

---

[4] Webbasierte Informationen, die durch die Nutzer zu Verfügung gestellt werden.

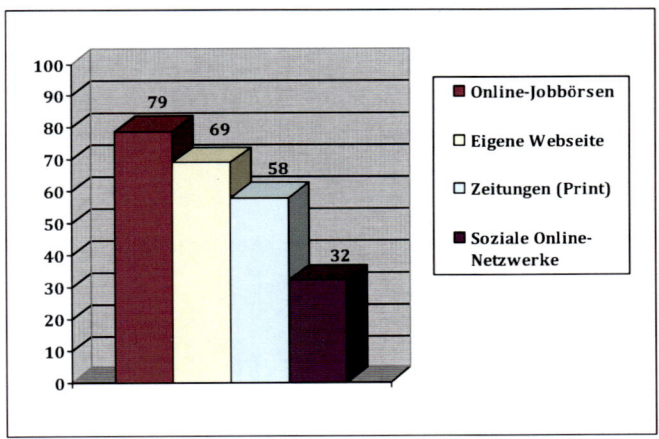

Abb. 2: Nutzungshäufigkeiten Social-Media-Netzwerke im Jahr 2011 (in Anlehnung an Statista, 2013).

Allgemeine Online-Jobbörsen dominieren mit 79%. Die Unternehmenswebseite ist mit 69 % der zweithäufigste Nutzungskanal. Social-Media-Netzwerke spielen im Vergleich mit 33 % Nutzungshäufigkeit eine untergeordnete Rolle (Statista, 2013).

Im Folgenden soll der Generationsbegriff im Allgemeinen und der Begriff der Generation Y genauer beleuchtet werden. Social-Media-Recruiting passiert in einem Umfeld, welches von den Generationscharakteristika dieser Generation beeinflusst wird. Von daher ist es, nach Meinung des Verfassers, wichtig eine Analyse des Generationsbegriffs und der Generationseigenschaften vorzunehmen.

Generationsbegriff

Die gezielte Ansprache im Social-Media-Recruiting geschieht in einem sozialen Umfeld, welches durch spezifische Generationscharakteristika geprägt wird. Der Generationsbegriff wird kontextuell unterschiedlich benutzt. Die sprachliche Wurzel liegt im lateinischen - *generatio* - lässt sich in seiner „etymologische(n) Herleitung" (Schlimbach, 2008, S.8) allerdings nicht vollständig erfassen. Im Kontext des zu behandelnden Themas ist die Fokussierung auf den „soziologischen Generationsbegriff" (Schlimbach, 2008, S.8) zu wählen.

Dieser Generationsbegriff beschreibt generationstypische Einstellungen zu gesellschaftlichen, moralischen und kulturellen Aspekten[5] (Wulf & Zirfas, 2004). Auch wenn es immer verschiedene Generationsbezeichnungen gegeben hat, so kann ein „Wandel

---

[5] Der Generationsbegriff beinhaltet darüber hinaus anthropologische, chronologische, technische und pädagogische Themen.

des Generationsphänomens" (Schlimbach, 2008, S.12) konstatiert werden. Die Wirkungsdauer einer Generation verkürzt sich vor dem Hintergrund immer moderner und dynamischer werdenden Gesellschaften. Durch globale Interdependenzen findet eine Vermischung universell gültiger Generationseigenschaften statt. Vor diesem Hintergrund sind auch die Eigenschaften der Generation Y zu sehen, die durch eine zunehmende Mehrgenerationalität geprägt wird. Dies bedeutet auch eine zunehmende Auflösung der Generationsgrenzen (Böhnisch, 1998). Aktuelle Kulturtendenzen gehen von einer Entkoppelung sozialer Stellung und Alter aus. Dies bedeutet, dass in Zukunft von einem abgeschwächten Generationsbegriff auszugehen ist, da die bisher gültigen Erklärungsmuster nicht mehr maßgeblich sind und zunehmend differenzierter zu betrachten sind (Schlimbach, 2008). Im weiteren Verlauf wird auf die soziologischen Merkmale der Generation Y Bezug genommen, eine Generation, die in der Ansprache durch Social-Media-Kanäle die Kernzielgruppe darstellt.

2.3.2. Generation Y: Eigenschaften und Erwartungen

Anders als bei der Allgemeinkategorie des Begriffs Generation, ist eine einheitliche Definition der Generation Y nicht gegeben. Dennoch lassen sich drei zentrale äußere Faktoren charakterisieren (Weise, 2011).

- Geburt um das Jahr 1980
- Zugang zu digitalen Medien
- Fähigkeit zur Handhabung mit digitalen Medien

Im Zuge der Digitalisierung ist nicht immer pauschal von einer Generation Y die Rede, als Synonyme werden Begriffe, wie „Digital Natives" (Prensky, 2001, S.1), oder „Millenials" (Schulmeister 2008, S.1) verwendet. Die Zuschreibung als „Generation Y" (Ruiz, 2009, S.33) ist eine der gängigsten Verwendungen und findet sich vor allem in der sozialwissenschaftlichen Forschung (Weise, 2011). Die Erwartungen der Generation Y sind mannigfaltig. Nach einer Studie des Instituts für Jugendkulturforschung[6] gibt es trotz individueller Lebensgestaltung und beruflicher Ausrichtung zentrale Erwartungen an den Arbeitgeber (vgl. Abb.3).

---

[6] Das Frankfurter Institut für Sozialforschung wurde von Hermann Veil im Jahre 1923 gegründet.

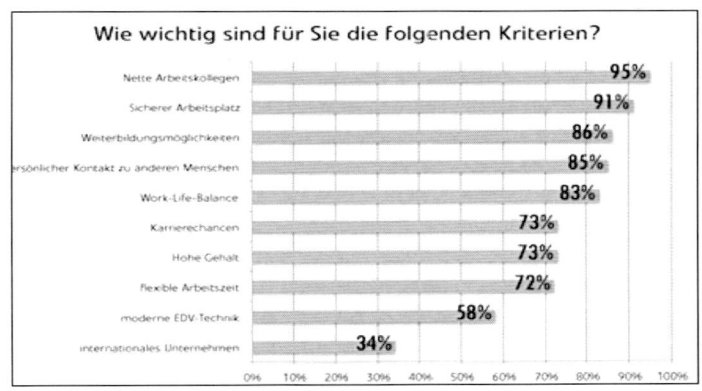

Abb. 3: Erwartungen der Generation Y an die Berufstätigkeit (Frenner, 2013).

Es fällt auf, dass Aspekte, wie das Arbeitsklima, individuelle Weiterbildungsmöglichkeiten und interessante Arbeitsinhalte, von zentraler Bedeutung sind. Der „neoliberale Arbeitsethos" (Frenner, 2013, o. S.), der sich durch Werte wie Verantwortung, sowie hohe Flexibilitäts-und Mobilitätserwartungen definiert, spielt im Vergleich eine untergeordnete Rolle (Frenner, 2013).

Select Activities of US Adults in the Past 24 Hours, by Generation, January 2010 (% of respondents in each group)				
	Millennial (18-29)	Gen X (30-45)	Boomer (46-64)	Silent (65+)
Watched more than an hour of TV	57%	67%	78%	82%
Sent or received an e-mail	56%	57%	54%	26%
Read a daily newspaper	43%	50%	58%	73%
Watched a video online	32%	23%	9%	7%
Posted a message to an online profile	32%	22%	9%	3%
Played video games	28%	14%	15%	6%
Note: n=2,020 Source: Pew Research Center, "Millennials: Confident. Connected. Open to Change." conducted by Abt SRBI Inc., February 24, 2010				

Abb. 4: Aktivitäten der US Adults innerhalb der letzten 24 Stunden (E-Marketer, 2010).

In der Abbildung 4 werden die Social-Media-Aktivitäten verschiedener Generationen dargestellt. Das Pew Research Center hat durch einen Zielgruppenvergleich ebenfalls einen moderne und technikbasierten Umgang mit Web 2.0 basierten Angeboten nachweisen können. Mit einer Teilnehmeranzahl von N= 2020 haben sich sowohl Parallelen, als auch Unterschiede in den vier untersuchten Generationen gezeigt (siehe Abbildung 4).So sind die markanten Unterschiede vor allem in der Aktivität in Online-Portalen zu suchen. Hier liegen sie mit einem Wert von 32 % rund 10% über den

Aktivitäten der Generation X. Die geänderten Erwartungen und das Verständnis des Arbeitsplatzes führen zu einem Umdenken im Personalrecruiting: Personaler sehen sich mit einer Generation konfrontiert, die als „qualifiziert, selbstbewusst, extrem anspruchsvoll und ständig in der Feedback-Schleife" (Salmen, 2012, S.38) zu charakterisieren ist. Durch diese Veränderungen wird sowohl fachliche, als auch kulturelle Dynamik generiert. Im Idealfall nehmen die Bewerber der Generation Y die Katalysatorfunktion ein, indem sie durch ihre Kompetenzen und ihr Grundverständnis für Social-Media-Aspekte die Modernisierung eines Unternehmens mit prägen. Durch die internationale Offenheit, die in der Regel hohe fachliche Bildung und und Toleranz entstehen Erwartungen, die ein Unternehmen nicht ignorieren kann. Das Paradoxon, auf der einen Seite hohe Erwartungen an die beruflichen Ziele zu haben, aber eine intakte Work-Life-Balance zu ermöglichen, sind Kernthemen für Unternehmen (Salmen, 2012). Die Generation Y fordert in gehobenem Maße einen Dialog auf Augenhöhe ein. Die „kollaborierende Kommunikation" (Salmen, 2012, S.42) ist innerhalb des Unternehmens genauso eminent, wie außerhalb. Daraus kann abgeleitet werden, dass eine direkte Kommunikation über soziale Netzwerke nicht nur gewünscht, sondern nahezu erwartet wird. In der Praxis zeigt sich jedoch, dass viele Unternehmer die Ansprache über soziale Netzwerke zwar als Kernelement der Zielgruppenansprache ansehen, aber an der konkreten Umsetzung scheitern (Salmen, 2012).

Der Wille über soziale Netzwerke zu kommunizieren reicht nicht aus. Oftmals lassen etablierte Führungskräfte, speziell diejenigen mit einer Generationszugehörigkeit, die weiter zurück liegt, wie die Generation der Baby Boomer, Beiträge in Foren oder über soziale Netzwerke an Berater delegieren. Ein Vorgehen, das der Nachvollziehbarkeit von generationsspezifischen Verhaltensweisen entgegen wirkt (Spiegel Online, 2012). Die Ausgestaltung von Anforderungsprofilen ist ebenfalls an die Erwartung geknüpft, das eine passgenaue Ansprache erfolgt. Eine Stellenanzeige in der deutlich wird, dass in dem sich präsentierenden Unternehmen flache Hierarchien, sowie Selbstgestaltung möglich sein können, ist unabdingbar. Ein weiterer Faktor ist die Bezugnahme auf Arbeitscharakteristika: Die Selbstverwirklichung ist weniger auf einer prinzipiellen, gesellschaftlichen Basis gemeint, sondern primär im Rahmen konkreter Projekte (Spiegel Online, 2012). Dennoch sollten Unternehmen bei der Gestaltung ihrer Arbeitgebermarke auf die Hinzunahme von Social Corporate Responsibility Merkmalen achten (Salmen, 2012). Die HR-Expertin Constanze Buchheim stellt fest: „Die übergreifende Tendenz der Generation Y, Selbstverwirklichung, Spaß an der Arbeit und die eigene Entfaltung in den Vordergrund zu stellen, ist (…) nicht zu leugnen" (Buchheim, 2012, S.135).

Der Personalexperte Thomas Sattelberger konstatiert in einem Zeitungsinterview: „Autokratische Führungsfiguren, wie Steve Jobs bei Apple oder Jack Welch bei General Electric sind von gestern" (Süddeutsche Zeitung, 2013, S.19). Er beschreibt ferner die bereits angesprochenen Generationscharakteristika und die daran geknüpften Erwartungen der Generation Y: Unternehmen sollten als Biotope verstanden werden, dies bedeutet, dass kreatives Arbeiten gefördert werden muss, indem Handlungsspielraum geschaffen wird. Der Trend löst sich demnach von den „Besitzstandswahrer(n))" (Süddeutsche Zeitung, 2013, S.19) der alten Personalpolitik. Die Kreativität innerhalb des Unternehmens erfordert, gerade vor dem Hintergrund der Eigenschaften und Erwartungen der Generation Y, auch eine kreative Ansprache im Recruiting (Süddeutsche Zeitung, 2013).

Stärkere Medienfokussierung

Grundsätzlich lässt sich feststellen, dass durch das bereits erwähnte geänderte Mediennutzungsverhalten geänderte Formen der Zielgruppenansprache bestehen. Es ist ein „Abschied von monomedialen Ansprachen (mit einer) Hinwendung zu crossmedialen Werbe- bzw. Kommunikationsmaßnahmen" (Beck, 2012 S.63) zu verzeichnen. Crossmediale Ansätze finden sich im Recruiting, aber auch im Personalmarketing. Crossmedia definiert sich durch eine zielgruppenadäquate Ansprache durch verschiedene, mediale Kanäle. Die Ansprache dabei sollte vernetzt und multisensorisch erflogen (Mahrdt, 2008). Die Konsequenzen sind weitreichend. Durch Recruitingkanäle, wie Blogs oder Social Software wird ein zeitgemäßer Zugang zu den Menschen generiert, die allgemeinhin der Generation Y zuzuordnen sind. Die bereits im Vorhinein angesprochenen Erwartungen bauen Distanz ab und sorgen für einen Dialog, demnach eine zusehend aktive Perspektive. Zudem wird der interaktive Austausch ermöglicht und die Möglichkeit einer authentischen Ansprache besteht (Beck, 2012).

Erwartungen der Bewerber an Social-Media-Angebote der Unternehmen

Eine Arbeitnehmerbefragung des Randstad *Arbeitsbarometers,* die im Sommer 2011 durchgeführt wurde, trug die Erwartungen der Bewerber an Social-Media-Angebote der Unternehmen zusammen. In dieser Studie, die in 25 Ländern durchgeführt wurde, offenbarte sich die stetig ansteigende Relevanz von Social-Media-Präsenzen. Es zeigte sich, dass sich potenzielle Arbeitnehmer mit einem Anteil von 61% im Vorfeld eines Vorstellungsgesprächs gezielt über ihren zukünftigen Arbeitgeber informieren. Die Ergebnisse ergaben zusammenfassend folgendes Bild (Abbildung 5):

Nutzen von Social Media aus Sicht der Bewerber
„Social Media hilft mir bei der Jobsuche" (67%)
„Ich würde ausschließlich Social Media Nutzen, um einen neuen Job zu finden" (27%)
„Vor einem Vorstellungsgespräch informiere ich mich Auf den Social-Media-Präsenzen der Arbeitgeber" (61%)
„Ich vertraue den Arbeitgeber-Informationen, die ich auf den Social-Media-Profilen finde".

Abb. 5: Ergebnisse zum Nutzten von Social Media (in Anlehnung an das Presseportal, 2011)

Weitere Erwartungen, die sich aus der Befragung ergaben, manifestierten ein Bild, das nach einem selbstverständlichen Umgang mit Social-Media-Instrumenten seitens der Unternehmen verlangt. Dass Informationen der Unternehmen, die über Social-Media-Kanäle gestreut werden, einen Mehrwert schaffen sollen, geht aus einer Studie der *DIS AG* hervor. So erwarten 80 % Informationen über Stellenangebote, Karriereperspektiven sollen ebenfalls bereit gestellt werden. Dies wollen 70 % der Befragten umgesetzt sehen. Weiterführend sollen allgemeine Unternehmensberichte, Erfahrungsberichte von Mitarbeitern, sowie Argumente für eine Bewerbung in dem spezifischen Unternehmen zu Verfügung gestellt werden (DIS AG, 2011).

2.4. Recruitingbausteine: Kommunikationsregeln, rechtliche Rahmenbedingungen und SEO

Der Recruitingprozess ist ein standardisierbares Verfahren, bei welchem einige Aspekte zu beachten sind, um eine fehlgeleitete Ansprache potenzieller Jobkandidaten im Vorhinein auszuschließen. Mehrere Dinge sind zu beachten:

- Passgenaue und adäquate Matchingsysteme[7] sind im Recruitingprozess unabdingbar.

- Die Organisationsbeschreibung ist aufgrund eingeschränkter Aufmerksamkeitsspannen informativ, realistisch und kurz zu halten.

- Jede Jobbeschreibung sollte branchenspezifisch und rechtlich einwandfrei gewählt werden.

Stellt ein Unternehmen mehrere verschiedene Jobangebote zur Auswahl, ist anhand von „matching tools" (Reynolds & Weihner, 2009, S.90) eine Passung zwischen Job-

---

[7] Tools, die Stellenbewerber auf eine systematisierte Art und Weise nach verschiedenen Kriterien ordnen und in eine Rangfolge bringen.

angebot und Bewerberinteressen generierbar. Ferner sind sogenannte Screening Questions zu stellen, die die Bewerber nach Eignung selektieren. Dabei ist die Sortierung nach Gruppen ein gängiges Mittel, da sie eine Differenzierung nach der ABC Methode[8] ermöglicht (Reynolds & Weihner, 2009).

2.4.1 Kommunikationsregeln im Social-Media-Recruiting unter Berücksichtigung des Kulturwandels

Im folgenden Textabschnitt sollen formgerechte Kommunikationswege erörtert werden. Ausgehend vom raumgreifenden „Kulturwandel" (Bieber, Blücke & Mahlmann, 2012, S.276) werden Unternehmen mehr als zuvor an ihren Aussagen und ihrem Handeln gemessen. Die gegenwärtigen Zustände bestätigen die Annahme, dass die Herausforderungen sich im Speziellen durch neue Formen der Web 2.0 Kultur ergeben. „Diese Kultur ist nicht mehr durch Autorität, Hierarchien und Stringenz geprägt, sondern durch Diversität, Diskussion und Konsensfindung" (Bieber, Blücke & Mahlmann, 2012, S.276). Der Wert des Webs wird durch die immer noch ansteigende Nutzung immer mehr auch Arbeits- und Lebensort. Durch die Kommunikationsprozesse des Web 2.0 entstehen „vielfältige Partizipationsmöglichkeiten" (Schildhauer & Voss, 2009, S.259), dadurch können Meinungen und Äußerungen von Nutzern besser gedeutet werden. Doch was bedeutet dieser Hintergrund für den Bereich Social-Media-Recruiting? Für den Bereich des Social-Media-Recruitings bedeutet dies, dass Kommunikation über soziale Netzwerke vor allem dort wirken sollte, wo schnelle Kommunikationswege erfordert werden. Hierbei sind Aspekte, wie der Umgang mit Kritik, aber auch der universelle Anspruch, durch originäre Kommunikationskonzepte auf sich aufmerksam zu machen, zu berücksichtigen. Unternehmen sollten einen Bezugsrahmen bereitstellen, indem sie Kontrolle liefern. Es gilt hierbei auch, die eingeforderte Autonomie und Selbständigkeit der Mitarbeiter in adäquater Form aufzufangen. Aktive Kommunikation über Web 2.0 Kanäle hat immer auch die Konsequenz einer gesteigerten Verletzlichkeit für das Unternehmen zur Folge. Eine Abkapselung nach innen und die Verweigerung des Dialogs würden zu einer Fremdbestimmung von außen führen. Die Generierung eines positiven Images wäre dann schlichtweg nicht möglich (Bieber, Blückle & Mahlmann, 2012). Die Forschung hat daher einige Kommunikationsregeln herausgearbeitet, die bei der Kommunikation über Social-Media-Kanäle beachtet werden sollten: Die Vorbereitung einer Social-Media-Strategie ist immer auch an die Notwendigkeit geknüpft, einen Perspektivenwechsel zu vollziehen. Dies bedeutet, dass die Ansprache sollte an das Grundverständnis der Zielgruppe angepasst sein und aus der Sicht dieser Zielgruppe verstanden werden. Folgende Kommunikationsregeln wurden von den

---

[8] Methode um Mitarbeiter nach Jobpassung zu ordnen.

Autoren des Referenzbuches *Recruiting im Social Web* zusammengestellt. In Tabelle 1 werden die geforderten Kommunikationsregeln dargestellt.

Tab. 1: Kommunikationsregeln in Anlehnung an Bieber, Blükle & Mahlmann (2012).

Positive Verhaltensweisen	Negative Verhaltensweisen
- Angebot von Feedbackschleifen durch Hotlines, Video Chats, Unternehmenswebsite	- Förmliche Gestaltung der Zielgruppenansprache
- Ehrlichkeit und Transparenz	**Lösung:** Lockere und authentische Kommunikation, auf Ebene des Nutzers.
- Social Media Konzepte von Experten eruieren lassen	- Werbung machen
- Kreativität wichtigster Faktor um aufzufallen	**Lösung:** Echte Inhalte, die sich am Nutzer orientieren.
- Die Karriereseite als Kommunkations-Plattform für Stellenangebote und Employer Branding Maßnahmen	- Anfragen ignorieren
	Lösung: Support einrichten und Feedback innerhalb von 24 Stunden.
- Aktive Mitgestaltung der Unternehmenskultur über soziale Netzwerke.	- Nicht nachhaltig sein
	Lösung: Kapazitäten sicher stellen.

Die oben genannten Kommunikationsregeln sind ein probates Mittel, um möglichen Fallstricken innerhalb der Zielgruppenansprache über Social-Media-Kanäle vorzubeugen. Zu einem späteren Zeitpunkt dieses Buches wird die spezifische Ausgestaltung einer Social-Media-Recruitingstrategie anhand eines konkreten Beispiels erfolgen. Zunächst soll jedoch auf „juristische Stolpersteine" (Blükle, 2012, S. 251) eingegangen werden.

2.4.2. Rechtliche Rahmenbedingungen im Social-Media-Recruiting

Social-Media-Recruiting bedeutet immer mehr auch Einbindung von Mitarbeitern des Unternehmens. Sowohl die Einbindung von Mitarbeitern bei der Talentsuche, als auch der Austausch mit Bewerbern über soziale Netzwerke hat an Wichtigkeit gewonnen.

Social-Media-Leitlinien

Recruitingmaßnahmen, die von Mitarbeitern getätigt werden, sind nicht als Privatangelegenheiten zu bewerten, sondern aus der Perspektive des Gesamtunternehmens. Daher ist es wichtig, Social-Media-Leitlinien zu definieren und an die Mitarbeiter zu kommunizieren. Dies sollte über die Personalabteilung eines Unternehmens geschehen. Social-Media-Leitlinien „bieten für die berufliche Nutzung Sicherheit und Orientierung" (Uni Bielefeld, 2013, o. S.). Social-Media-Leitlinien sollten folgende Bestandteile haben:

- Einführung in das Urheberrecht durch Hinweise auf Verhaltensregeln
- Geschäftlicher Verhaltenskodex
- Hinweise für das Kommentieren fremder Beiträge und Beteiligung an Diskussionen
- Hinweise zu Firmenaccounts
- Aufklärung über Verhaltensregeln im Umgang mit sozialen Medien

Zusätzlich ist zu beachten, dass Unternehmensleitlinien immer im Unternehmensbereich wirken, beziehungsweise wirken sollten. Sobald sie die Privatsphäre der Mitarbeiter tangieren, sind sie nicht mehr, oder nur noch eingeschränkt, gültig (Blükle & Salmen, 2012).

Kontaktaufnahmen über Social-Media-Kanäle und E-Mail

Social-Media-Recruiting kann in der heutigen Zeit oft auch über Anfragen via Mail oder Social-Media-Plattformen erfolgen. Nachrichten, die an potenzielle Bewerber übermittelt werden unterliegen in besonderen Maße den Bestimmungen des § 7 UWG: Die unzumutbare Kontaktaufnahme liegt bei einer Belästigung vor. Die Voraussetzungen für eine unzumutbare Belästigung sind den Bestimmungen des Paragraphen Abs.2, Nr.3 UWG geregelt. Kernaspekt dabei ist, dass die Zusendung von Informationen nur durch eine „ausdrückliche(...) Einwilligung" (Blückle, 2012, S.261) zu vollziehen ist. Eine andere Sicht auf die Dinge zeigt sich, wenn bei der Beurteilung einer Kontaktaufnahme auf den Arbeitskontext abgestellt wird. Der gewerbliche Anruf sei legitim (Bornkamm & Köhler, 2011). Dass in diesem Bereich der Rechtsprechung Grauzonen existieren, zeigt sich durch die differenzierte Einwilligungsregelung. Die ausdrückliche Einwilligung ist nicht notwendig, es reicht die mutmaßliche Einwilligung. Von daher sind Vorgehensweisen, wie ein Telefonanruf seitens des Unternehmens, oder auch eine unverklausulierte Kontaktaufnahme über soziale Netzwerke durchzuführen .Das Rechtsverhältnis liegt allerdings auch zwischen dem kommunizieren Unternehmen und der Social-Media-Plattform vor. Werden die spezifischen Gesetze der Plattform missachtet, kann es hier zum Ausschluss kommen (Blükle, 2012).

Werden potenzielle Bewerber über Emails angeschrieben, handelt das Unternehmen geschäftlich. Eine Email ist in der Form ein Geschäftsbrief, was bedeutet, dass dieser folgende Inhalte beinhalten muss:

- Sitz der Gesellschaft
- Nummer, unter der die Gesellschaft im Handelsregister eingetragen ist
- Die vertretungsberechtige Person mit Familiennamen

Werden diese Angaben nicht gemacht, dann kann es zu juristischen Konsequenzen kommen. Bei der Kontaktaufnahme über Social-Media-Konten ist bisher noch kein rechtsfähiges Urteil gesprochen worden. Allein, dass eine Angabe zur Identität des Unternehmens gegeben sein muss, ist juristisch ausdifferenziert (Blükle, 2012).

In Zeiten, in denen Kommunikation zunehmend transparenter wird, ist es notwendig, bei der Ansprache über Social Media rechtliche Aspekte zu beachten. Personaler bewegen sich vom heutigen Stand aus oftmals in rechtlichen Grauzonen, da Urteile in vielen Bereichen noch nicht gesprochen worden sind. „Strafrechtliche Sanktionen" (Blükle, S.252, 2012) sind dennoch baldige Konsequenz, falls ethische Grundregeln außer Acht gelassen werden sollten. Der nun folgende Textabschnitt nimmt Bezug auf Aspekte wie Datenschutz, sowie den Einsatz von Analyseinstrumenten. Weiterführend wird auf markenrechtliche Aspekte Bezug genommen, sowie arbeitsrechtliche Bestimmungen behandelt.

Datenschutzbestimmungen sind auf jeden Arbeitnehmer anwendbar. Sobald ein Arbeitnehmer personenbezogene Daten an ein Unternehmen übermittelt, unterliegt er dem § 11 des Telemediengesetzes. Es schließt sich an, dass Bewerber über den Umfang und die Art der Nutzung der Daten hinzuweisen sind. Dies ist in den Reglements des § 13 des Telemediengesetzes geregelt. Die Erlaubnistatbestände differenzieren sich in zwei wesentliche Aspekte. Ein Aspekt ist die Maßgabe nach § 28 BDSG, falls personenbezogene Daten für die Vertragsbearbeitung benötigt werden. Diese Regelung ist an die Voraussetzung geknüpft, dass eine Einwilligung der betroffenen Person vorliegend ist (§ 4a BDSG). Nach diesen allgemeinen, von sozialen Netzwerken unabhängigen Gesetzen, soll nun ein Überblick über die Reglements im Bereich Social-Media-Recruiting gegeben werden (Blükle, 2012).

Google-Analytics

Da die Verwendung von personenbezogenen Daten an die Zustimmung des Betroffenen und die Verwendbarkeit der Daten für arbeitsrechtliche Ausgestaltungen gekoppelt ist, ist die Identifizierung der IP Adresse über Google Analytics nur über die Einwilligung möglich. Bisher ist die Rechtsprechung von einer Missachtung des Datenschutzes ausgegangen, da sensible Benutzerdaten an das Unternehmen Google in den USA weiterübermittelt wird. Eine Einigung zwischen Google und den Bundes-und Landesbehörden im Jahre 2011 hat jedoch die Anwendung von Google Analytics möglich werden lassen (Blükle, 2012).

Zu den Voraussetzungen des Datenschutzes gehören:

- Eine Datenschutzerklärung im Sinne des & Paragraphen 13 des Telemediengesetzes.

- Der von Google konzipierte Vertrag über die Auftragsdatenverarbeitung ist mit Google selbst abzuschließen.

- Auf die bestehende Möglichkeit des Widerspruchs ist ausdrücklich hinzuweisen.

- Durch spezielle Einstellungen bei Google Analytics ist festzulegen, dass die Daten nicht komplett widergegeben werden.

Eigentumsrechte im Social Web sind ein neues Themenfeld, das in der Rechtsprechung viele Themen tangiert. Ein zentraler Aspekt sind sogenannte Social-Media-Konten. Von Arbeitgeberseite aus, sollte darauf geachtet werden, dass Social-Media-Konten immer im Besitz des Unternehmens liegen und auch von diesem bereitgestellt werden. Rechtlich durchsetzbar ist diese Regelung, wenn der betriebliche Bezug gegeben ist. Der Arbeitnehmer ist dann dazu verpflichtet, nach § 667 I BGB alle Informationen herauszugeben, die innerhalb des Arbeitsverhältnisses entstanden sind. Dies zu explizieren ist eine wichtige Regel im Verhältnis zwischen Arbeitgeber und Arbeitnehmer. Ein Twitteraccount beispielsweise enthält wichtige Geschäftskontakte, die für das betroffene Unternehmen einen nicht unwesentlichen Wirtschaftsfaktor darstellen können. Die Trennung von privaten und geschäftlichen Daten kann erschwert werden, da die Grenzen oft fließend verlaufen. Bei einem Businessnetzwerk wie XING ist auf jeden Fall darauf zu achten, dass entstehende Kosten vom Arbeitgeber übernommen werden, nur dann ist eine Herausgabe von Daten nach Beendigung des Arbeitsverhältnisses gestattet (Blükle. 2012).

2.4.3. Suchmaschinenoptimierung als Werkzeug der Zielgruppenansprache

Unternehmen sind in Zeiten von Social Media dazu angehalten, dass sie im umkämpften Recruitingmarkt eine nachhaltige Bewerberansprache möglich machen. Allgemein sind Suchmaschinen das gängigste Mittel auf Bewerberseite an Informationen über Unternehmen zu gelangen. Unternehmen stehen daher unter einem gewissen Ansprachedruck. Die Auflistung von Unternehmensinformationen folgt „(logischen) Algorithmen" (Beilharz & Bernecker, 2009, S.97), die durch mehrere Faktoren für einen Abruf von Informationen sorgen. Das Kernziel ist es, ein möglichst hohes Ranking bei den gängigsten Suchmaschinen zu erreichen[9]. Suchmaschinenverwendung geht mit dem Erfordernis der Suchmaschinenoptimierung einher. Um das Prinzip der Suchmaschinenoptimierung zu verstehen, ist es notwendig, den hinterlegenden Sinn des Systems zu erklären. „Das Ziel einer Suchmaschine ist es, zu einem bestimmten Begriff, oder einer Gruppe von Begriffen, möglichst relevante und hochqualifizierte Ergebnisse zu liefern, die den Nutzer bestmöglich zufrieden stellen" (Beilharz & Bernecker, 2009, S.104), um eine adäquate Zielgruppenansprache zu generieren (Beilharz & Bernecker, 2009).

Im Folgenden soll auf das Prinzip der Suchmaschinenoptimierung im Detail eingegangen werden. Dass Google bis heute den Status der am meist verbreitetesten Suchmaschine ausfüllt, hat primär mit dem referenziellen Such-Algorithmus zu tun, den Google wie kein anderes Unternehmen perfektionierte. Anstatt der Standardmethode, lediglich einzelne Faktoren auf einer Seite zu berücksichtigen, legte Google seine Fokussierung auf die Verlinkung einzelner Seiten. Mit dem sogenannten Page Rank ist es Google gelungen anderen Suchmaschinen überlegen zu sein. Konnte ein Unternehmen mit einer Seite eine hohe Beliebtheit erlangen, werden andere Inhalte, die ebenfalls von diesem Unternehmen bereit gestellt werden, über Verlinkungen zugänglich gemacht. Damit potenzielle Bewerber auf Inhalte von Unternehmen zugreifen können, ist es wichtig, dass dies anhand sogenannter Keywordoptimierung passiert. Die Wahl der richtigen Keywords erleichtert den Zugang bei der aktiven Stellensuche durch Bewerber. Die richtige Keywordwahl ist dabei unumgänglich (Bernecker & Beilharz, 2009).
Keyword-Analyse

Um eine adäquate Zielgruppenansprache zu generieren, ist es notwendig für Unternehmen zu wissen, welche Begriffe Nutzer bei der Suche nach Stellen verwenden. Ausgehend von diesem Hintergrund, sind Unternehmen in der Stellenbeschreibung

---

[9] Im Weltmarkt ist das primär Google.

dazu angehalten eine möglichst präzise Ansprache zu wählen. Es ist wichtig die Überlegungen aus der Perspektive des Nutzers heraus zu betrachten. Mit Unterstützung von bestimmten Analysetechniken, können Webmaster die Suchkombinationen einsehen. Wird beispielsweise eine Stelle als Personalberater ausgeschrieben, dann ist es wichtig, für ein Matching mit vielen Begriffen zu sorgen, die thematisch auf diese Stelle referieren (z.b. Psychologie, Consulting, Führungskraft etc.). Um die Qualität in der Branche zu sichern steht synonym für ein hohes Ranking bei Suchmaschinen. Unternehmen sind nicht unbedingt dazu angehalten, den fachlich genausten Begriff zu wählen, sondern den von Nutzern am Häufigsten verwendeten. Zu diesem Zwecke werden SEOs[10] eingesetzt, um „(den) Inhalt der Webpräsenz auf (...) die wichtigsten Keyword-Muster ab(zustimmen)" (SEO Köln, 2013, o. S.). Bei der Suche nach richtigen Keywords sind ebenfalls mögliche Normabweichungen zu beachten. Dies heißt, dass auch Tippfehler oder alternative Schreibweisen in die Suchoptimierung zu integrieren sind (Bernecker & Beilharz, 2009).

Die Online Jobbörse Stepstone und Google Deutschland haben interessante Erkenntnisse über das Suchverhalten von Jobsuchenden zusammengetragen:

- Es zeigte sich, dass die generische Jobsuche mit allgemeinen Begriffen, wie „Job", oder „Stellenbörse" konsequent wächst.

- Monatlich werden über 68 Millionen Jobanfragen dieser Art gestellt

- Der Großteil der Jobanfragen (38-41 %) der Suchwörter bezieht sich auf konkrete Brands oder Marken.

- Am häufigsten wird über Desktop-PCs gesucht. Es folgen Smartphones und Tablets. Die Zahl der Tablet-PCs wird, so prognostizieren es Experten, bis 2016 immer weiter zunehmen.

Es zeigte sich weiter, dass die Suche nach Jobs über Google beginnt, ein aktives Jobbörsen-Branding wichtig ist um den Markennamen bekannt zu machen, Jobsuchende sollten nach Möglichkeit aktiv angesprochen werden, da Social-Media-Recruiting nur wenig über geschaltete Stellenanzeigen funktioniert (Zils, 2013).

Nachdem zurückliegend auf wichtige Aspekte bei der Recruitingansprache eingegangen worden ist, sollen nun aktualitätsbezogene Aspekte beleuchtet werden. Über welche Portale Unternehmen mit Zielgruppen kommunizieren und welche Wege es in

---

[10] Fachexperten, die sich mit der Integration von Keyword-Begriffen bei Google und anderen Suchmaschinen beschäftigen.

Zeiten von Social Media und Web.2.0 geben kann, ist Gegenstand des folgenden Kapitels.

2.5. Social-Media-Recruiting: Webbasierte Kommunikation

Kommunikation allgemein „bezeichnet den Austausch von Informationen zwischen zwei oder mehreren Personen" (Köck & Ott, 1994, S. 213). Dabei kann die Information verbal oder nonverbal übermittelt werden. Im Web 2.0 stehen vor allem nonverbale Kommunikationsformen im Vordergrund. Kommunikationswege haben sich geändert, Kommunikation wird schneller und webbasierter (HTWK Leipzig, 2007).

Das nun folgende Kapitel soll eine Übersicht über die wichtigsten, webbasierten Social Media Tools und Kommunikationswege im Recruitingsektor liefern.

Recruiting im Umfeld des Web 2.0 passiert, nach Meinung des Autors, in einer für lange Zeit als undynamisch geltende Branche. Neue Social-Media-Optionen erweitern die Möglichkeiten des Recruitings ohne klassische Recruitingkanäle zu substituieren. Social Media allgemein kann in den Bereichen Employer Branding, Candidate Relationship Management, in der Personalkommunikation, aber auch im Personalmarketing eingesetzt werden (Jäger & Porr, 2009). Als Anwendungsfelder gelten Themengebiete innerhalb der Personalentwicklung, sowie der Recruitingsektor (Jäger, 2009). Im Folgenden sollen Nutzen und Risiken von Recruitingportalen beleuchtet werden, sowie eine Fokussierung auf gängige Social-Media-Recruitingportale erfolgen.

2.5.1. Nutzen und Risiken von Recruitingportalen

Das Einsehen und die Veröffentlichung von Stellenanzeigen haben sich insofern geändert, als dass sie auf verschiedenen Kommunikationskanälen funktionieren können. Stellt ein Unternehmen Informationen über eine Stelle zur Verfügung, hat der Bewerber, neben der Einsicht eines Anforderungsprofils, die Möglichkeit an weitere relevante Informationen zu gelangen. Werden Informationen über eine Stelle transparent, dann kann zusätzliches Wissen anhand von Verlinkungen generiert werden. Mittlerweile ist der unmittelbare Zugang zu einem standardisierten Online-Bewerbungsformular eine gängige Methode (Weise, 2011).

Bei Netzwerken, wie Facebook hingegen, hat sich die Dynamik verschoben: So ist Facebook ursprünglich als privates Austauschkonzept an den Markt gegangen. Heute ist Facebook ein lukratives Konzept, dass von Unternehmen immer häufiger genutzt wird. Dabei erfüllt das Netzwerk zentrale Funktionen. Es können Informationen über potenzielle Bewerber generiert werden. Dabei liegt der Fokus auf Aspekten wie die Art des sozialen Austauschs, die Anzahl der Freunde und mögliche Hinweise auf Eigenschaften wie Kreativität und Intelligenz. So werden soziale Profile immer mehr zu beurteilungsrelevanten Lebensläufen. Wechselt man die Perspektive, so lassen sich aus Usersicht Informationen über Unternehmen generieren. Auch können sie sich in Gruppen über Unternehmen austauschen. Die Art und Weise, welches Image ein Unternehmen in sozialen Netzwerken erfährt, ist also durchaus ein Wirtschaftsfaktor. Dieser Vorgang, dessen Entwicklungstendenzen sich schon seit Jahren abzeichnen, wird auch kritisch bewertet. Punkte wie die Notwendigkeit nach Transparenz und mangelnder Datenschutz sind kritische Aspekte. Dennoch steht bei der Eruierung der Recruitingmöglichkeiten die Bewertung eines Zustands im Vordergrund (Siemann, 2013).

Ein Mitarbeiter der Personalberatung der PRMP International AG konstatiert:

> "Die Bedeutung der sozialen Netzwerke hat sich unzweifelhaft in den letzten Jahren als weitere Kandidatenquelle entwickelt. Als Ergänzung zu allen anderen Maßnahmen wird die Identifizierung von potenziellen Bewerbern im Netz immer wichtiger (Staude, 2012, o. S.)".

2.5.2. Übersicht über zentrale Recruitingportale und Vorgehensweise

Nachdem im vorangegangenen Abschnitt (Vgl. 2.5.1.) der Nutzen von Recruitingportalen im Vordergrund stand, soll es nun um zentrale Recruitingportale gehen.
Beziehungsportale

Zunächst soll der Fokus auf dem Beziehungsportal Facebook liegen, da es von allen sozialen Netzwerken die größte Distribution aufweist. Nachdem das Unternehmen Facebook im April 2004 gegründet wurde, begann ein beispielloser Siegeszug. Auch für die Unternehmen erweist sich Facebook zunehmend als probates Mittel um potenzielle Bewerber zu informieren oder offensives Recruiting zu betreiben. Tritt man beispielsweise als Bewerber der Gruppe Bayer Business Consulting bei, so wird dem Bewerber eine Schnellsuchoption für vakante Stellen zur Verfügung zu stellen. Dabei verzichtet Bayer auf eine reine Verfügungstellung der Informationen (Weise, 2011). Eine in der Literatur immer wieder auftretende Frage ist, ob die Rekrutierung von Kandidaten über Facebook tatsächlich als sinnvoll zu erachten ist. An dieser Stelle ist es wichtig eine Differenzierung vorzunehmen. Einen Vorteil, den Unternehmen bei der Kommunikation über Facebook haben, sind die „niedrigen Einstiegsbarrieren" (Kirchner, 2013, o, S). Die Kommunikation ist auch ohne Budget möglich, zudem sorgt Facebook mit rund 30 Millionen Nutzern in Deutschland (Stand:2012) für eine hohe

Erreichbarkeit und Distribution von bewerberrelevanten Inhalten. Die Herausforderung liegt dann vordergründig im langsamen und stetigen Aufbau der Arbeitgebermarke, sowie einem funktionierenden Community-Management. Es reicht allerdings nicht aus, lediglich für eine optisch ansprechende Seite zu sorgen. Eine zu statische Präsentation auf Facebook läuft dem Konzept des Austauschs und der dynamischen Kommunikation entgegen. Um potenzielle Bewerber an sich zu binden, ist es daher notwendig für ansprechende Inhalte zu sorgen. Dies kann über den stetigen Dialog mit der vakanten Zielgruppe, aber auch über Fotos und die Präsentation des Unternehmens erfolgen. Dabei besteht eine hohe Anforderung bei der Darstellung der Themen und Interessenwelt (Krichner, 2013). Grundsätzlich gilt: „Nur wer sich langfristig eine aktive Community aufbaut, wird auf Facebook auch Menschen mit den eigenen Botschaften erreichen und überzeugen" (Krichner, 2013, o. S.).

Vorgehensweise bei Facebook

Im deutschsprachigen Raum gibt es bereits viele Beispiele, die auf einen professionellen und erlernten Umgang mit Facebook schließen lassen. BMW Karriere beispielsweise bedient den Nutzer mit zahlreichen Fotos, Stellenanzeigen und wissenswerten Material. In Verbindung mit Apps[11] wird ein großes Spektrum von unternehmensrelevanten Daten und Informationen für den Nutzer bereit gestellt (Kirchner, 2013).
Da private Netzwerke wie Facebook vordergründig dem privaten Austausch dienen, kann eine Kontaktaufnahme seitens eines Unternehmens als unerlaubtes Eindringen in den Privatbereich interpretiert werden (siehe Kapitel 2.4.2.). Aus Unternehmenssicht empfiehlt es sich daher für die Suche nach geeigneten Kandidaten auf die Methode des bezahlten Inserats zurückzugreifen. Inserate sind von Vorteil, da sie eine hohe Passungsdichte mit dem potenziellen Arbeitnehmer aufweisen können, weil anhand von Profilen auf Facebook viel über die Nutzer zu erfahren ist. Aufgrund des eingeschränkten Textumfangs auf Facebook, sind Inserate nicht als Stellenanzeigen zu charakterisieren. Mithilfe der Inserate kann auf einen Link verwiesen werden, der dann wiederum auf die Stellenanzeige verweist. Was das Schalten von Werbung angeht, so stellt Facebook ein geeignetes Portal da. Unter den Fußnoten der Facebook-Startseite kann Werbung über den Button gesponsert generiert werden. Dieses Vorgehen liefert eine probate Möglichkeit um Bewerber gezielt anzusprechen. Zusätzlich kann ein Unternehmen eine Unternehmensseite auf Facebook anlegen. Diese sollte dann idealerweise Informationen über das Unternehmen beinhalten, kann allerdings auch konkrete Verweise auf Stellenanzeigen abbilden (Kirchner, 2013). Dennoch: Obwohl

---

[11] Die Bezeichnung App ist die etablierte Abkürzung für das englische Wort Application und bedeutet Anwendung.

das Recruiting über Facebook möglich ist und als Mittel der Kandidatensuche nicht mehr wegzudenken ist, gibt es geeignetere Netzwerke. Facebook eignet sich am besten wenn es um den Aufbau der Arbeitgebermarke geht oder um Personalmarketing zu betreiben (Brickwedde, 2013).

Nachdem anhand von Facebook über eine Möglichkeit des Recruitings eingegangen wurde, soll nun eine Darstellung des speziell auf Businesskontakte ausgerichteten Netzwerks XING erfolgen. XING gilt als das am besten ausgearbeitete Netzwerk, wenn es um das Social-Media-Recruiting von Kandidaten geht.

Vorgehensweise bei XING

Mit der Option XING Jobs können Unternehmen vakante Stellen zugänglich machen. Durch eine Online-Funktion, die auf dem Portal hinterlegt ist, können Mitglieder über eine Nachricht mit dem Ansprechpartner im Unternehmen kommunizieren. Es kann sich dann aktiv auf die Stelle beworben werden (Weise, 2011).

Wird das Recruiting über XING generiert, gibt es spezielle Angebote für Personaler. Dabei wird vor allem zwischen einer personengebundenen Mitgliedschaft und einer Unternehmenslösung differenziert. Nutzt ein Unternehmen das Angebot der Unternehmenslösung, dann bietet sich der Vorteil, dass Inhalte, Daten und Kontakte dem Unternehmen zuzuordnen sind. Dies bedeutet, dass auch andere Mitglieder des Unternehmens, also auch wenn sie keine Recruiter sind, mit den Bewerbern in Kontakt treten können. Diese Lösung ist kostengünstiger als die der Einzelmitgliedschaft. Werden potenzielle Bewerber rekrutiert, dann bietet XING die Möglichkeit anhand von Suchfiltern, differenzierte Kriterien zu selektieren. Zu den Kriterien zählen beispielsweise die Berufserfahrung, die derzeitige Beschäftigung und die aktuelle Karrierestufe. Mit diesen Funktionen lassen sich Zielgruppen von Bewerbern sehr genau eingrenzen. XING bietet gute Möglichkeiten, um aktives Recruiting zu betreiben (Bärmann, 2012).

Microblogging-Dienste

In einer Diskussion über Recruitingnetzwerke muss zwangsweise auch eine Beschäftigung mit dem Microblogging-Dienst Twitter erfolgen. "Microblogs sind Anwendungen, in denen Nutzer kurze Textnachrichten veröffentlichen können" (Onlinemarketing-Praxis, 2013, o. S.). Textnachrichten (sogenannte Tweets) auf Twitter sind bis zu 140 Zeichen lang. Es geht um eine kurze und somit dynamische Informationsweitergabe. Ein Tweet kann auch Mediendateien enthalten, wie Fotos oder Videos. Weltweit ist ein Nutzungsumfang von rund 500 Millionen Nutzern festzustellen. Der Nutzungsanteil in Deutschland ist vergleichsweise gering, dennoch ist die Zahl der Nutzer stetig angestiegen (vgl. Abb. 6) und liegt nun bei rund 4,4 Millionen Nutzern.

Twitter in Deutschland
Besucher der Website in Millionen

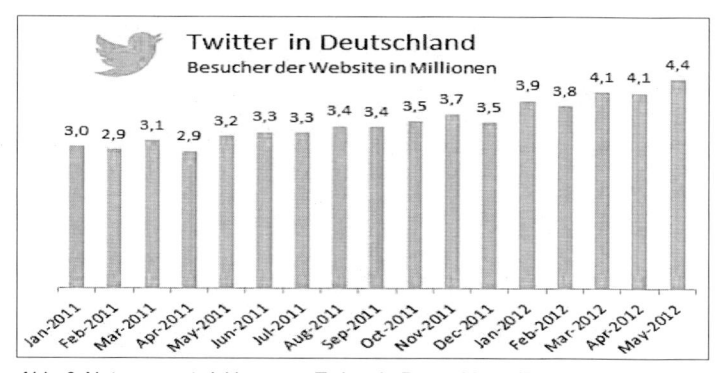

Jan-2011	Feb-2011	Mar-2011	Apr-2011	May-2011	Jun-2011	Jul-2011	Aug-2011	Sep-2011	Oct-2011	Nov-2011	Dec-2011	Jan-2012	Feb-2012	Mar-2012	Apr-2012	May-2012
3,0	2,9	3,1	2,9	3,2	3,3	3,3	3,4	3,4	3,5	3,7	3,5	3,9	3,8	4,1	4,1	4,4

Abb. 6: Nutzungsentwicklung von Twitter in Deutschland (Budde, 2012, o. S.)

Twitter wird vornehmlich von jungen Nutzern genutzt, die eher städtischen Bezug aufweisen. Das Nutzerprofil trifft somit auf den typischen Generation Yer zu, der diese Form der Kommunikation erwartet und praktiziert (Budde, 2012, o. S.)

Für die Personalwirtschaft kann Twitter als Mehrgewinn charakterisiert werden. Dabei sind Employer Branding-Maßnahmen momentan eher verbreitet als aktives Recruiting. Doch wie kann aktives Recruiting über Twitter möglich sein? (Bärmann, 2012).

Vorgehensweise bei Twitter

Recruiting via Twitter vollzieht sich in drei verschiedenen Stufen. Der erste Schritt beginnt mit der Einrichtung eines Twitterkontos. Dadurch besitzt das Unternehmen die Möglichkeit auf einfachem Wege über offene Stellen zu informieren. Die durch das Format bedingte Kürze erfordert bündige Informationen über eine Stelle. Diese Informationen sollten so aufbereitet sein, dass sie auch über die Suchmaschinen oder die Twitter-Direktsuche zu finden sind. Wichtig dabei ist die Angabe von Ort, Unternehmen, Tätigkeit und einem Link. Mit Link-Verkürzen erhöht sich die Praktikabilität für den

User, gleichzeitig bieten kostenlose Serviceanbieter Trackingverfahren an, die es ermöglichen quantitativ zu kontrollieren, wie oft ein Link angeklickt worden ist. Desweiteren ist es wichtig, Hashtag-Funktionen zu setzen, um auch hier die Hashtag-Suchdienste arbeiten zu lassen. Die wichtigsten und gängigsten Tags sind #Jobs oder # Job. Das Recruiting über Twitter sollte so gestaltet sein, dass eine Zeichenmenge von 140 nicht überschritten wird, da sonst wichtige Informationen verloren gehen können, weil Twitter die Darstellung ab dieser Zeichenmenge abbricht. Aktiv und proaktiv Suchende auf mehrere Suchoptionen zurückgreifen: Die Recherche über die Twitter-Suche, die Twitter-Personensuche, oder die Hashtag-Suche. Ist ein potenzieller Interessent durch die Suche auf Twitter auf ein für ihn interessantes Unternehmen gestoßen, so kann er dieses Unternehmen zu seinen Favoriten hinzufügen. Er „folgt" diesem Unternehmen dann und wird sukzessive über neue Jobangebote und Neuigkeiten des Unternehmens informiert. Auch Nutzer, die gezielt nach einem Unternehmen suchen, werden über die Suchfunktionen navigiert oder „Find us on twitter" Hinweise liefern Abhilfe. Ebenso ist eine Informationsgenerierung über andere Nutzer möglich, die über Tweets auf Unternehmen hinweisen. Für das Recruiting auf Twitter ist es für Unternehmen von großer Relevanz, dass Jobangebote weitergegeben werden. Dieser Vorgang nennt sich „retweeten". Ein derzeitiger Kritikpunkt ist, dass die wenigsten Jobangebote weitergegeben werden. Genau diese Synergieeffekte sind es aber, die den entscheidenden Mehrwert für das spezifische Unternehmen ermöglichen. Aus der Sicht des Unternehmens ist es von daher ratsam, die Multiplikatoren über Twitter aktiv zu nutzen. Das Referenzportal ist derzeit Jobtweet[12]. Auch über Mitarbeiterempfehlungsprogramme können Multiplikationseffekte eintreten. Wichtig dabei ist, dass keine Verpflichtung für den Mitarbeiter besteht. Die Mitgliedschaft auf Twitter muss freiwillig geschehen und muss jederzeit zu beendigen sein. Eine weitere Notwendigkeit ist die zu pflegende Austauschbeziehung zwischen der HR[13] Abteilung und dem Interessent. Es gilt die Regel, dass die Dialogbeziehung zwischen Unternehmen und potenziellem Arbeitnehmer an erster Stelle bei der Generierung neuer Kontakte stehen sollte. Dies bedeutet, Content zu erzeugen, sowie die Korrespondenz mit der Zielgruppe durch Dialoge, aktive Informationsbereitstellung oder Tipps für Anwendungen. Dabei sollten Erfahrungswerte für einen realistischen Dialog sorgen. Zu häufiger Austausch oder ausbleibende Reaktionen bei kritischen Anfragen, können zu nicht händelbaren Effekten führen (Bärmann, 2012).

Nachdem eine Erörterung über die aktuell gängigsten Recruitingportale im Bereich Social-Media-Recruiting erfolgt ist, wird nun ein kurzer Überblick über weitere Social-

---

[12] Jobtweet ist die bekannteste, auf Twitter basierende, Jobsuchmaschine
[13] HR = Human Ressource.

Media-Recruitingportale, die weniger zentral, aber dennoch relevant sind, und ihr Anwendungspotenzial gegeben.

2.5.3. Weitere Portale und Anwendungsfelder

Im nun folgenden Abschnitt sollen weitere Recruitingportale im Vordergrund stehen.

Recruitingvideos

Eine weitere Möglichkeit Recruiting zu betreiben bieten Recruitingvideos. Durch Recruitingvideos werden emotionalisierende Bindungsaspekte in den Vordergrund gestellt. Dabei kann der Inhalt des Videos stark variieren. Es kann für die Präsentation des Unternehmens genutzt werden. Dies kann in Portraitform, anhand der Vorstellung des zukünftigen Arbeitsplatzes, aber auch anhand einer Präsentation von zukünftigen Aufgaben erfolgen, mit denen ein zukünftiger Mitarbeiter konfrontiert sein würde. Diese Form der Recruiting-Ansprache besitzt den Vorteil, dass sie über mehrere Kanäle erfolgen kann. Etablierte Portale, wie die Videoplattform JobTV 24, oder auch Firmen Hp's und Blogs erlauben eine großflächige Erreichbarkeit der Zielgruppe. Diese Form des Recruitings kann primär für Employer Branding Maßnahmen genutzt werden (Weise, 2011).

Podcasts

Nach der Definition von IT Wissen ist die Anwendung des Podcasts „(…) eine Wertschöpfung aus dem (…) Mp3 Player, IPod (Apple) und Broadcasting. Es handelt sich dabei um die Bereitstellung und Veröffentlichung von Audiobeiträgen im Internet, sowie um das Herunterladen aus dem Internet" (IT Wissen, 2013, o. S.). Aus unternehmerischer Sicht können Podcasts dem Zweck dienen, Wissen über das Unternehmen oder auch Anleitungen über Vorgehensweisen und Inhalte eines spezifischen Unternehmens in Audioform zu Verfügung zu stellen (Weise, 2011).

Blogs

In Blogs können Mitarbeiter „user-added value" (Elsäßer & Wirtz, 2012, S.516) zur Verfügung stellen. Dies können themenspezifische Blogs sein, die sich unternehmensrelevanten Themen widmen. Ein Blog zielt aus der Recruitingperspektive darauf ab, einen realistischen Einblick in den Berufsalltag zu geben. Dahinterstehende Motive, sind die Generierung von potenziellen Bewerbern durch Identifikation mit Themen, der Ausrichtung und dem Unternehmen allgemein. Über die Suchfunktion eines Blog-Anbieters und über die Google-Suchfunktion lassen sich Blogs finden. Durch die gezielte Eingabe von Suchbegriffen (vgl. 3.1.) bei Google, kann die Suche erleichtert werden. Mittlerweile ist es möglich, Suchbegriffe, die in einem Zusammenhang mit einem spezifischen Thema stehen, über Suchfunktionen ausfindig zu machen (Weise, 2011).

Online-Assessment

Ein weiteres probates Mittel zur Generierung von Mitarbeitern ist die Maßnahme des Online-Assessments. „ Online Assessment (s) „sind Recruitinginstrumente, die der Selektion von Bewerbern dien(en)" (Weise, 2011, S.82). Der User durchläuft mehrere Aufgaben, die sich auf unterschiedliche Bereiche der geforderten Aufgaben beziehen können. Online-Assessments galten lange Zeit als anfällig für Fehler und Verzerrungen, da die Tests ohne Kontrolle der Hilfsmittel ausgeführt werden können. Eine Verzerrung der Ergebnisse wird beispielsweise über Screenshot-Funktionen möglich, die Kandidaten können dann bereits vor der Teilnahme am Testverfahren die Aufgaben auswendig lernen. Das Verfahren galt daher für eine lange Zeit als Maßnahme der „Negativauswahl" (Fokus, 2008, o. S.), da Kandidaten, die es trotz der Hinzunahmen von Hilfsmitteln nicht schaffen, mit großer Wahrscheinlichkeit keine Passung und Eignung mit der angebotener Stelle aufweisen. Diese Problematik wurde über neu entwickelte Testverfahren entkräftet. Die Verfahren sind zunehmend tempobasiert und dynamisch, so dass Hilfsmittel nicht mehr oder nur sehr eingeschränkt nutzbar sind. Durch „verschiedene Permutationsalgorithmen" (Fokus, 2008, o. S.) wird die Vorbereitung auf die Aufgaben und die Vorhersehbarkeit erschwert. Empirische Studien konnten bereits nachwesen, dass diese Tests das sogenannte *Test Faking* minimieren. Dennoch liefern die online absolvierten Aufgaben nicht allumfassende Aussagen über die Fähigkeit eines Kandidaten. Vielmehr ist das Online-Assessment als Vorstufe für nachfolgende Stationen im Bewerbungsprozess zu charakterisieren (Studienpilot, 2013, o. S.)

LinkedIn

LinkedIn ist das derzeit größte internationale Businessnetzwerk. Aufgrund der noch deutlich geringeren Anzahl von Usern im Vergleich zu XING und der geringen Zielgruppenpassung werden die Ausführungen zu diesem Netzwerk in kompakter Form erfolgen. Anders als XING legt LinkedIn seinen Fokus auf Führungskräfte, die ihr Netzwerk im Ausland aufbauen möchten. Eine Studie der Uni Bamberg mit Personalern hat deutlich gemacht, dass Personaler eher auf XING als auf LinkedIn zurückgreifen wenn es um aktive Personalsuche geht (Uni Bamberg, 2011). Nur etwa 6 % der Personaler operiert via LinkedIn um an geeignete Kandidaten zu gelangen, bei XING sind es immerhin 18% (Nickelé, 2013).

Wie in den vorangegangenen Kapiteln aufgezeigt wurde, gibt es viele Möglichkeiten mit potenziellen Bewerbern anhand von Web 2.0 Tools in Kontakt zu treten. Die Form der Recruitingmöglichkeiten divergiert, da es sich mal um aktive Recruitingaktivitäten, wie die gezielte Bewerberansprache auf XING, oder tendenziell indirektes Recruiting anhand von Employer Branding Maßnahmen.

2.6. Social-Media-Recruiting am Beispiel Bertelsmann

Die Firma Bertelsmann ist der größte Medienkonzern innerhalb Deutschlands. Die dezentrale Organisationsstruktur sorgt für einen sehr differenzierten Employer Brand (HSI Heidelberg, 2013).

Im Jahre 2008 wurde die Karriereinitiative „Create your own career" ins Leben gerufen. Anhand dieses Beispiels, kann von einem exemplarischen Einsatz von Social-Media-Kanälen für das Recruiting gesprochen werden. Die Kampagne setzte an den Bedürfnissen von High Potentials an: Durch konsequentes und sehr intensives „Talent Relationship Management" (Bruckner, 2008, S.27) wurde die gewünschte Zielgruppe eingegrenzt und nicht auf breite Beliebtheit gesetzt. Die Zielgruppe sollte sich aus „unternehmerisch denkenden, medienaffinen High Potentials" (Rose, 2012, S.328) zusammensetzen. Der Fokus der Kampagne lag auf der Interaktion in sozialen Netzwerken und der Bereitstellung von exklusiven Events. Entscheidender Bewertungspunkt hierbei war, dass auf, klassische Methoden, wie das Recruiting über Hochschulmagazine, nur eine untergeordnete Rolle einnahmen.

Abb. 7: Exemplarisches Titelbild der Kampagne: „Create your own career" (Bertelsmann, 2013).

Das Konzept ist großflächig ausgelegt und zeichnet sich dadurch aus, dass Bertelsmann in derzeit allen relevanten, sozialen Netzwerken aktiv und es zeigt sich eine Kommunikationsform, die als „crossmediale Vermarktung" (Bode, 2013, o. S.) zu charakterisieren ist. Bertelsmann distribuiert seine Inhalte über eine Facebook, betreibt eine LinkedIn-Gruppe, sowie zwei Twitter-Profile. Da Social-Media-Recruiting immer auch durch die Schnelllebigkeit des Marktes beeinflusst wird, ist es wichtig, auf die

Dynamik des Marktes zu reagieren. Bertelsmann versucht dies, indem Plattformen, die relevant werden als „Early Adopter in die Marketing-Aktivitäten integriert werden" (Rose, 2012, S.328). Auch ist die Markenkommunikation sehr konstant, ermöglicht durch eine einheitliche Medienwahl auf allen nach außen tretenden Kommunikationskanälen. Ebenfalls werden wichtige Kontakte mit Hochschulpartnern gepflegt, sowie Kontaktpersonen von der Bertelsmann AG ausgegeben, um einen persönlichen Kontakt zu ermöglichen (Rose, 2012),

Als exemplarisches Event, dass die mannigfaltige Mischung aufzeigt, kann das WHU Euromasters[14] genannt werden. Bertelsmann agierte im Jahre 2011 als Hauptsponsor, und kam seiner Funktion, vor allem durch stringente Videodokumentation und Exposition von Werbematerialien nach. Zudem ließ Bertelsmann ein Motto der abendlichen Veranstaltungen wählen. Als Motto wurde „Business Punk" gewählt – eine Anspielung auf das gleichnamige Wirtschaftsmagazin. Zu diesem Anlass wurden Fotos geschossen. Was folgte, war eine umfassende Distribution auf Facebook. Daraus ergab sich, ein in Social Media Kreisen als viraler Effekt beschrieben wird (Eugster, 2013). Die Interaktion auf der Create your own career Seite stieg und eine Verbreitung der Fotos und der Kampagne allgemein war die Folge. Aber wie konzipierte sich das Social-Media-Recruiting? Auf der genannten Veranstaltung können viele sinnvolle Kontakte geknüpft werden, auch die „Talent Meets Bertelsmann" ist eine Recruitingveranstaltung, bei der das Recruiting aus seinem steifen, karrierefixierten Image herausgenommen werden soll. Ein zentraler Bestandteil der TMB ist der Case-Study Wettbewerb, bei dem etwa 50 Studenten strategische Konzepte erarbeiten, die sie dann der Unternehmensleitung vorstellen können. An einem Networkabend können wichtige Kontakte geknüpft werden.

Bertelsmann schafft es, die Recruiting-Bedarfe zu decken, indem über das Jahr immer mehr „on und offline Aktivitäten ineinandergreifen" (Rose, 2012, S.333). Eine Microsite, über die sich Bewerber über das Event und den Ablauf informieren konnten. Dazu gehört auch die Generierung von Informationen über vergangene Veranstaltungen, sowie das Bewerbungsverfahren. Analog dazu wird die TMB permanent auf Facebook beworben, sowie auf weiteren Portalen, wie Online-Jobbörsen. Mittels klassischer Instrumente, wie Printanzeigen in zielgruppenaffinen Magazinen, wie UNICUM, runden das Projekt ab. Das Innenadergreifen von klassischer Konzeption und Social-Media-Instrumenten machte den Erfolg der Kampagne aus. Ein Rückgriff auf die Entwicklung einer modernen App, die einerseits Informationen und andererseits Profile aller studentischen Teilnehmer, sowie Unternehmensvertreter bereit stellt ist ebenfalls Teil der

---

[14] Veranstaltung bei Koblenz (Vallendar), die von Studenten organisiert wird, und seit 1997 stattfindet.

Kampagne. Auf der Seite sind Links hinterlegt und Online-Plattformen können anhand der App verbreitet werden. Der weitere Recruitingprozess richtet sich an diejenigen Studenten, die bei den vorangegangenen Case Study- Veranstaltungen gewonnen haben. In der Summe handelt es sich um drei Teams, die zu internationalen Standorten eingeladen wurden. Die Reisen differenzieren sich in Veranstaltungen mit Freizeitcharakter, aber auch Business Units, die eingehende Kollaboration und der Austausch mit Führungskräften. Abgerundet wird die Veranstaltung durch Alumni-Treffen der Sieger der Vorjahre. Durch diese Treffen werden emotionale Elemente betont und eine Verankerung der „Create your own career" Initiativen werden bewirkt. Seit die Initiative 2008 gelauncht[15] ist, haben viele Teilnehmer eine Festanstellung gefunden, ein Praktikum absolviert, oder als Werkstudent Erfahrungen gesammelt (Rose, 2012).

Diese Form des Recruitings zeigt eindrucksvoll, wie ein „Recruiting-Mix" (Kaltenbach, 2011, o. S.) letztlich zum Erfolg führen kann. Dennoch ist bei diesem genannten Beispiel der Kontext zu bewerten. Ein Unternehmen, wie Bertelsmann, hat Ressourcen und Budget, um einen komplexen Wege des Recruitings zu wählen.

2.7. Zukunftsaussichten im Bereich Social-Media-Recruiting

Im nachfolgenden Kapitel sollen die Trends und Erfolgsaussichten im Bereich Social-Media-Recruiting zusammengefasst werden. Abschließend soll ein Fazit postuliert werden.

2.7.1. Erfolgsfaktoren und Hemmnisse

Nachdem immer mehr Absolventen der Generation Y in den Arbeitsmarkt drängen, ist abzusehen, dass sich ein sogenannter Recruiting-Mix etablieren wird, bei dem Social-Media-Aktivitäten eine immer wichtigere Rolle spielen soll.

Schaut man auf die Vereinigten Staaten von Amerika, so lässt sich sagen, dass die Potenziale des Recruitings anhand von Social-Media-Kanälen dort erkannt worden sind und schon großflächig zum Einsatz kommen. Social-Media-Recruiting gilt als der momentan effektivste und auch effizienteste Weg um Personal zu gewinnen. Mit einem Ergebnis von 49 % bejahten US-Recruiter den Anstieg an Bewerbern über Social-Media-Kanäle Rund 73 % der US-Personaler rekrutieren über soziale Netzwerke. Das Netzwerk LinkedIn ist dabei führend, gefolgt von Facebook und Twitter (Jobvite, 2012).

Empirische Analysen haben ergeben, dass sich die Schnelligkeit des Recruitingprozesses um rund zwanzig Prozent steigern lässt. Ebenfalls zunehmend sind Mitarbei-

---

[15] Eine moderne Bezeichnung für „starten", oder „gestartet".

terempfehlungsprogramme, um rund 31 % ist dort die Aktivität in den USA angestiegen. Die Anreize, die US-Unternehmen für Mitarbeiterempfehlungen ausgeben, betonen die Wichtigkeit und das Potenzial, das von diesem Recruitingkonzept ausgeht. Unternehmen sind bereit Boni zu zahlen oder pauschale Geldbeträge von tausend US $ zur Verfügung zu stellen. Derlei Vorgehen gelten schon jetzt als Signalwirkung für deutsche Unternehmen und laut Wirtschaftsprognosen werden derartige Praktiken bereits in den nächsten zwei, drei Jahren gängige Praxis in vielen deutschen Unternehmen sein (Social-Media-Recruiting, 2012).

Es ist unbestritten, dass Social-Media-Recruiting zu einer Optimierung der Arbeitgebermarke beitragen wird und die Interaktionseffekte zunehmen werden. Ein Zukunftsfeld sind Aspekte, die die aktive und passive Seite des Recruitingprozesses beleuchten. Zentraler Aspekt ist der Aufbau einer „Ich-Marke". Durch den Einsatz von Like-Buttons und dadurch sichtbar werdende Geschmacksmuster, können Rückschlüsse auf Persönlichkeit und Soft Skills der Person getroffen werden. Durch Gruppenzugehörigkeiten, Vernetzungen mit Kollegen und Auftritten in Facebook-Profilen lässt sich „passives Empfehlungsmarketing" (Salmen, 2012, S.287) betreiben. In Deutschland verhindern Verschwiegenheitsklauseln den zwanglosen Zugang zu Facebookprofilen, in den USA wird mit der Variante auf Profile zuzugreifen sehr offensiv umgegangen. Besteht durch erstes Filtern die das Interesse des Arbeitnehmers, so wird das Profil des Kandidaten sehr genau analysiert. Als durchweg positiv wird die Mitgliedschaft in einem Bundesverband, eine ehrenamtliche Tätigkeit oder auch Praktikumserfahrung angesehen. Zu problematischen Einschätzungen führt es, wenn formale Mängel, schlechte Grammatik, Inhalte zu übermäßigem Alkohol oder Drogenkonsum, sowie Informationen zu sexuellen Neigungen, Inhalten, die negative Reaktionen hervorrufen, sichtbar werden. Die religiöse Neigung, oder politische Überzeugungen, werden zumindest in den USA als neutral eingestuft (Salmen, 2012).

Es wird in Zukunft immer wichtiger werden, dass eine Kontrolle der Ich-Marke erfolgt. Allein aus dem Grund, dass sie immer mehr Bedeutung erhält . Daher ist es notwendig seine Profile zu kontrollieren und Präventionsmaßnahmen zu treffen.

2.7.2. Mobiles E-Recruiting und Gamification als Zukunftsfaktor

Die Generation Y ist die erste Generation, die komplett Digital aufgewachsen ist. Die Dynamik des Internets und immer schneller werdende Kommunikationsprozesse haben eine Generation hervor gebracht, die eine Anpassung an die digitalen Umstände möglich werden lässt. Was genau das für das Recruiting bedeutet, ist Bestandteil des nächsten Abschnitts.

„Der Empfang push-basierter, individualisierter und geolokalisierter Jobangebote via Smartphone App gehört zur täglichen Routine für karriereambitionierte junge Talente" (Salmen, 2012, S.297). Eine Ansprache über das Handy, wird zu einer standardisierte Variante des Recruitings. Die Person des Personalers, fächert sich immer mehr auf. Das Recruiting per App wird durch sogenannte Jobsuch-Apps ermöglicht. Diese Apps bieten eine erleichterte Möglichkeit die passenden Jobs zu generieren, da sie Hintergrundinformationen zum persönlichen Wert-Fit liefern. Fragen, inwiefern Jobangebote auf die lebensdominanten Themen, wie Work-Life-Balance, Lebenszeitmanagement oder auch Arbeitsplatzfaktoren passen, stehen im Vordergrund. Die Apps enthalten dabei viele, praktikable Funktionen:

- Zugriffe auf Lebensläufe, Anschreiben durch ein Benutzerkonto
- Speicherung von Jobs
- Bearbeitungsfunktion der Dokumente
- Weiterleitung von Jobs per E-Mail
- Stichwortsuche oder Kategoriesuche
- Unternehmensstandorte anpassen

Nach Empirische Untersuchen, die eine Einschätzung deutscher HR-Fachleute nach der optimalen Zielgruppenansprache überprüften, geht der Trend in eine erwartbare Richtung. Mobiles Recruiting eigne sich primär für Studenten, Schüler und Young Professionals (Jäger & Böhm, 2011). Bei diesen Zielgruppen wurde ein durchschnittliches Nutzungspotenzial, das zwischen 60 und 80 % liegt, postuliert. Eine Studie im Bereich Social-Media-Recruiting bestätigt diesen Trend. (Social-Media-Recruiting, 2012). Mobiles Recruiting wird als sich „stark anbahnender Trend" (Social-Media-Recruiting, 2012, S.4) charakterisiert, zudem zeigt sich eine gedankliche Manifestierung, was zu einer zunehmenden Priorisierung in diesem Bereich führt. 31% der Firmen haben ihr Angebot bereits auf diesen Trend angepasst, 51 % planen eine Optimierung (Social-Media-Recruiting, 2012).

Gamification

Ein weiteres Zukunftsfeld ist der Bereich der Gamification. Bislang hat sich die Verknüpfung von karriererelevanten Inhalten mit spielerischen Funktionen noch nicht durchgesetzt, doch in diesem Feld gibt es bereits interessante Ansätze. Als passive Recruiting-Maßnahme kann sich das Portal Flipside eignen. Unternehmen, wie Bayer und Daimler, haben sich bereits Zugänge gesichert. Die Grundidee ist denkbar simpel: Eine ganze Karriere bei Bayer kann virtuell durchlaufen werden. Auf lange Sicht sollen die dortigen, virtuell zu absolvierenden Aufgaben einen hohen Realitätsbezug aufweisen. Case Studies oder Assessment-Center werden dann zu absolvieren sein. Bisher ist diese Option wenig ausgereift. Soziologische Aspekte werden jedoch mit einiger Sicherheit dafür sorgen, dass dieser Sektor an Bedeutung gewinnen wird. Aufgrund des Fachkräftemangels in diesem Bereich, werden Unternehmen zunehmend gezwungen sein durch Kreativität aufzufallen. Auch zeigen die Entwicklungen, durch die bisher sehr „radikale Ernsthaftigkeit" (Hesse, 2012 S.269) im Karrierekontext zunehmend generalüberholt ist (Hesse, 2012).

2.7.3. Weitere Perspektiven und Ausblick

Insgesamt zeigt sich, dass der sich in der Literatur abzeichnende Trend eines Anstiegs von Social-Media-Aktivitäten, weiter fortsetzen wird. Die in den USA begonnenen Aktivitäten in diesem Sektor, etablieren sich zusehends auch in Deutschland. Nach einer Umfrage des Netigate Instituts wurden im Jahr 2012 335 Teilnehmer rekrutiert. Wichtigstes Kriterium war dabei der Anschluss an eine Personalabteilung. Im Vergleich zum Jahr 2011, hat sich die Anzahl der deutschen Personaler, die Web 2.0 Methoden einsetzen, von 61% auf 74% erhöht (Social-Media-Recruiting, 2012).

Die Zeit, in der Social-Media-Aktivitäten mit großer Skepsis angesehen wurden, ist größtenteils vorbei. Noch im Jahr 2011 stiegen viele Unternehmen wieder aus, weil sie sich in der Gefahr sahen, einem Trend aufzuerlegen, den sie mit ihren Ressourcen nicht adäquat bewerkstelligen könnten (Leyenberg, 2011) Die vorschnelle Analyse, eine Kommunikation über Social Media sei immer zu umgehen, ist mittlerweile nicht mehr zu halten: Der Medienprofessor Böhm pointiert, indem er sagt: „(...) es ist etwas anderes, ob ich ein Verlag oder Fernsehsender bin oder im Anlagenbau Isolatoren herstelle und Ingenieure mit sehr spezifischen Berufserfahrungen suche" (Böhm, 2011, o. S.) Die Branchenspezifität von Social Media zeigt sich an dieser Stelle. Und Social-Media-Recruiting ist immer noch lediglich ein Zusatzkanal und wird es auch nach Expertenmeinungen bleiben. Andere etablierte Methoden, wie die firmeneigenen oder Online-Stellenbörsen werden durch neuartige Recruitingwege nicht substituiert. Auch richtet sich Social-Media-Recruiting primär an eine junge, technikaffine Zielgruppe. Diese Kriterien passen zu den Charakteristika der Generation Y, die im vorigen Verlauf dieses Buches dargestellt worden sind (Social-Media-Recruiting, 2012).

Im Bereich Nutzungshäufigkeiten zeigt sich ein klares Bild. Geschäftliche Netzwerke, wie XING, werden am ehesten für Social-Media-Recruitingaktivitäten eingesetzt. Hier liegt die Nutzungshäufigkeit bei 69 %, gefolgt von einer eher reinen Karrierepräsenz auf Facebook (65%). Personaler zeigen sich aktiver, 42 % der Befragten verbringen mittlerweile mehr als 1 Stunde in sozialen Netzwerken. Ein weiteres viel diskutiertes Thema ist die Direktansprache über soziale Netzwerke. Hier hat sich die Einschätzung der Erfolgsaussichten im Vergleich zu 2011 verringert. Mögliche Gründe dafür könnten die rechtlichen Barrieren sein, sowie die Maßgabe einer strikten Etablierung von Social-Media-Leitlinien. Diese Methode ist oft kostspielig und aufwendig, rechtliche Sanktionen sind die Folge bei Nicht-Einhaltung. Die geänderten Vorzeichen verändern auch die Rolle des Personalers. Nachdem es früher gängige Methode war einer eher passiven Rolle heraus Bewerber zu selektieren, ist der Personaler heute weitaus aktiver. Die Organisation innerhalb der Unternehmen ändert sich ebenfalls grundlegend. Flache Führungshierarchien innerhalb der Unternehmen und der Tool einer Projektarbeit als standardisiertes Führungsinstrument bewirken langfristig eine gesteigerte Partizipation und Anteilnahme seitens der Mitarbeiter. Für das Personalrecruiting ändert sich dabei eine Sache entscheidend: Natürlich sind Unternehmen nachwievor darauf aus Mitarbeiter gezielt anzusprechen, wenn es um die Besetzung neuer Stellen geht. Doch aufgrund des latenten Fachkräftemangels ändert sich auch hier die Perspektive. Dies bedeutet weiter gedacht, dass sich Mitarbeiter nicht mehr auf klassischem Wege selbst beim Unternehmen bewerben, sondern das Unternehmen immer mehr darauf angewiesen ist, auf sich und damit auf Werte und Marktplatzierung aufmerksam zu machen. Arbeitgeber seien keine „Bittsteller" (Süddeutsche Zeitung, 2013, S.19) mehr, sondern verhandeln auf Augenhöhe. Dieses Verhandeln auf Augenhöhe zeigt sich bei der Wahrnehmung der Rolle des Personalers. Dieser wird immer mehr zum „Community-Manager"(Rose, 2012, S.338). Jemand, der die Kommunikation steuert, selbst allerdings im Hintergrund agiert (Rose, 2012)I.

Globalisierungsfaktoren sind zunehmend von Belang. Die Grenzlosigkeit des Webs sorgt zunehmend dafür, dass Ländergrenzen keine Rolle mehr spielen. Die Personalsuche im Ausland wird zunehmend adaptiert – eine der wichtigsten Innovationen im Vergleich zu 2011 (Social-Media-Recruiting, 2012).

3. Explorative Studie

In diesem Abschnitt soll eine Begründung der explorativen Studie erfolgen und explizit erörtert werden, weshalb eine explorative Herangehensweise nach Meinung des Verfassers sinnvoll erscheint. Weiter fortführend wird der Fragebogen erklärt und wie sich die Auswertung der Ergebnisse gestaltet hat. Im vierten Kapitel befasst sich diese Buch mit der Interpretation der Ergebnisse und zieht Schlussfolgerungen zum theoretischen Hintergrund des vorliegenden Buches. Abschließend werden potenzielle Implikationen für die Zukunft ausgegeben und ein abschließendes Fazit formuliert.

3.1. Begründung der explorativen Studie

Das Thema Social-Media-Recruiting ist in einer dynamischen Zeit verankert. Nach Meinung des Verfassers ist es vorderstes Ziel, durch eine Studie innerhalb dieses Themenfeldes ein zeitaktuelles Abbild zu generieren. Ausgehend von den Generationsaspekten der Generationen Y soll die Umfrage zunächst Abhilfe leisten bei der Bekanntheit des eigenen Generationsbildes. Das in der Literatur postulierte Bild einer technikaffinen und sehr lebensbewussten Generation soll aus Sicht der studentischen Zielgruppe auf seine Eigenschaften überprüft werden. Zentral dabei ist, wie bekannt der Generationsbegriff ist und welche Eigenschaften man seiner eigenen Generation zuordnet. Nach Meinung des Autors schien eine Fokussierung auf die Generationseigenschaften der Generation Y sinnvoll, da Social-Media-Recruiting ein Tool der Personalbeschaffung ist, welches von den Mitgliedern der Generation Y am ehesten gekannt und gefordert wird. Durch die hohe Dynamik des Themas ist es dem Autor ein Anliegen ein mit dem Erscheinungsjahr kompatibles Abbild des aktuellen Stands zu generieren. Die Erwartungen an Social-Media-Angebote seitens der Unternehmen wurden aus Sicht der Arbeitnehmer bereits charakterisiert (vgl. 2.2.2.).Wichtig nach Meinung des Autors ist es von daher herauszufinden, inwiefern die dort genannten Erwartungen auch auf eine studentische Zielgruppe passen. So ist die Überlegung, dass zukünftig von einer noch stärkeren Fokussierung auf Social-Media-Angebote auszugehen ist.

Die in der Literatur aufgezeigten Möglichkeiten Social-Media-Recruiting zu betreiben, sollen in der Folge der explorativen Studie auf ihre Bekanntheitsverteilung und ihre Erfahrungshäufigkeit systematisiert werden. Dabei werden die Recruitingportale aus dem theoretischen Teil des Buches wieder aufgegriffen. Wenn es um aktives Recruiting geht, gilt das Businessnetzwerk XING als exemplarisch. Die Vorteile von Personalen angesprochen zu werden und die leichte Handhabarkeit (Karriere Spiegel, 2011) dieses Netzwerks, sorgen für eine hohe Nutzungshäufigkeit. Welche Netzwerke sich am besten für das Recruiting 2.0 eignen, sollen von den Kandidaten des Fragebogens selbst postuliert und begründet werden. Auch ein komparativer Nutzungsvergleich zwischen klassischen Recruitinginstrumenten und Social-Media-Angeboten wird Mithilfe des Fragebogens beantwortet.

Datenschutz ist ein weiteres Thema, das im Literaturteil des vorliegenden Buches behandelt worden ist (vgl. Kapitel 2.4.2). Hier steht zunächst im Fokus, welche Bekanntheit die Social Media-Guidelines aufweisen. Anhand eins kleinen Szenarios sollen explizit Imagefaktoren abgefragt werden, wenn Unternehmen auch ohne Einwilligung des Betroffenen Kontakt aufnehmen. Hierbei soll erfragt werden, welche Charakteristika ein Unternehmen aufweisen sollte, damit ein derartiges Verhalten toleriert wird.

Im letzen Abschnitt der explorativen Studie, sollen Zukunftsaspekte im Vordergrund stehen. Die Frage, inwiefern eine Bedeutungszunahme von Social-Media-Recruiting-Aspekten zu erwarten ist, wird erfragt. Auch soll der im Literaturteil postulierte Trend, dass Social-Media-Recruiting lediglich als Zusatzkanal für andere Recruitinginstrumente fungiert, hinsichtlich dieser These überprüft werden. An letzter Stelle erfolgt eine Imageüberprüfung des Gamification-Modells. Zu diesem Konzept, welches die Möglichkeit beinhaltet Karrierestufen virtuell zu durchlaufen (vgl.2.4.2.) soll eine Bewertung abgegeben werden.

Die explorative Studie erfährt ihren wissenschaftlichen Mehrwert über den Aktualitätsbezug. Die im theoretischen Teil der Arbeit thematisierten Hintergründe behandeln den aktuellen Forschungsstand im Bereich Social-Media-Recruiting. Der Autor behält sich vor, aus Gründen der Komplexität des Themenfeldes, auf manche Themen des Fragebogens ein höheres Augenmaß zu legen als auf andere. Um eine Dekonektierung mit den Themen des Literaturteils zu verhindern, ist auf eine homogene Passung zwischen Literaturteil und der explorativen Studie geachtet worden.
Im Folgenden wird die Methodik des Fragebogens erklärt.

3.2. Methodik

Dies Kapitel zeigt auf, in welcher Weise die Datenerhebung erfolgt ist. Im Weiteren wird die Befragungsmethode erläutert und der Aufbau des Fragebogens spezifiziert.

3.2.1. Datenerhebung

Die Datenerhebung des vorliegenden Buches richtete sich ausschließlich an Studenten. Zur Datenerhebung wurde eine Verteilung der explorativen Studie an Fachschaftsforen der Universität zu Köln und der HS Fresenius erwirkt. Als ergänzende Maßnahmen wurden auch Studenten des Rheinahrcampus in Remagen an der Studie beteiligt. Durch Korrespondenz mit einer wissenschaftlichen Mitarbeiterin der HS Fresenius zu Köln, konnte eine spezifische Anfrage der Studenten der HS Fresenius generiert werden (sowohl für den Standort Köln als auch standortübergreifend). Der Versand des Umfragelinks wurde durch einen Begleittext[16] erwirkt. Dieser erhielt den Verweis auf die anonyme Behandlung der Daten. Die Auswertung erfolgte mit SPSS Statistics, Version 20.

Die Datenerhebung wurde über das auch für Studenten der HS Fresenius lizensierte Portal Umfrageonline[17] erwirkt. Die Erhebung wurde am 16.05.2013 gestartet und endete am 03.06.2013. Insgesamt wurde eine Teilnehmeranzahl von N=204 gewonnen und 6.066 Antworten abgegeben.

3.2.2. Befragungsmethode

Als Befragungsmethode wurde die Online-Befragung gewählt. Diese bietet den Vorteil, dass sie im Vergleich zu anderen Befragungsmethoden leicht umzusetzen ist, ferner ist sie kostengünstig. Ein zentraler Vorteil der Online-Befragung ist gegeben und „besteht in der direkten Verfügbarkeit der Daten nach der Beantwortung, ohne dass Zeit für Dateneingabe und Datenplausibilisierung vergeht" (Plöschke, 2008, S.277). Online-Befragungen bieten gerade auch vor dem Hintergrund der gesteigerten infrastrukturellen Kompetenzen an Universitäten eine leichte Handhabung (Plöschke, 2008). Als Untersuchungsdesign wurde die explorative Imagestudie gewählt. Das explorative Untersuchungsdesign folgt dem Ansatz keine Arbeitshypothesen voranzustellen und zu prüfen, sondern Strukturen darzustellen (DGPS, 1997, o. S).

Explorative Studien sind der Primärforschung zuzuordnen, deren Charakteristikum es ist, dass wenig über die spezifischen Untersuchungsgegenstand bekannt ist (Altobeli, 2011).

Zwar ist das Thema Social-Media-Recruiting durchaus schon Gegenstand von Untersuchungen gewesen, doch einen Einbezug von lediglich einer studentischen Zielgrupe unter Berücksichtigung hochaktueller Trends und Szenarioverfahren ist so noch nicht erforscht worden.

---

[16] Siehe Anhang 1 und 2
[17] Informationen unter www.umfrageonline.com

3.2.3. Fragebogen

Die Bearbeitungszeit des Fragebogens[18] der explorativen Imagestudie ist auf 8-10 Minuten ausgelegt gewesen. Die inhaltliche Aufteilung ist durch mehrere semantische Elemente zu charakterisierten. Zunächst erfolgt der allgemeine Teil des Fragebogens. Die Erfassung statistischer Daten steht an erster Stelle und umfasst die Einstufung des Geschlechts und des Alters. Dieses „didaktische Prinzip" (Kirchhoff, 2008, S. 23) ist ein probates Mittel, welches dem fachlichen Einstieg vorgelagert ist. Der Fragebogen unterteilt sich in mehrere Abschnitte. Diese werden folgend komprimiert und in logischer Bearbeitungsfolge dargestellt:

1. Die Erfassung soziodemografischer Daten
2. Generationseffekte (Merkmale und Eigenschaften der Generation Y)
3. Bekanntheit und Assoziationen mit dem Begriff Social-Media-Recruiting
4. Nutzungsaspekte und Erfahrungen mit Recruitingportalen
5. Erwartungen an Social-Media-Angebote von Unternehmen
6. Datenschutz im Social-Media-Recruiting
7. Szenario zu hypothetischen Jobanfrage
8. Zukunftsaspekte im Bereich Social-Media-Recruiting

Nach dem allgemeinen Einstieg durch das Erfragen soziodemografischer Daten, erfolgt eine explizite Bezugnahme auf die studentische Zielgruppe, indem Generationsaspekte der Generation Y abgefragt werden. Dazu zählen die Bekanntheit der Begrifflichkeit der Generation Y, sowie das Zuschreiben generationsspezifischer Eigenschaften. Im speziellen Teil geht es konkret um das Thema Social-Media-Recruiting. Die Einstiegsfrage *„Der Begriff Social-Media-Recruiting ist mir bekannt?"* definiert den weiteren Verlauf der Beantwortung des Fragebogens. Wird diese Frage verneint, so wird der Teilnehmer direkt zu den Nutzungshäufigkeiten weitergeleitet. Die Nutzungsaspekte umfassen Erfahrungen mit Social-Media-Angeboten, sowie die Postulierung von Nutzungshäufigkeiten. Dabei spielt auch der Vergleich von klassischen und modernen Recruitinginstrumenten eine Rolle. Bei den Erwartungen an Social-Media-Angebote geht es um die Generierung von Informationen, auf welche Art und Weise die Teilnehmer über Social Media informiert werden möchten und den Umgang mit einer konkre-

---

[18] Vollständiger Fragebogen im Anhang

ten Anfrage zu einem Stellenangebot. Das Thema Datenschutz im Bereich Social-Media-Recruiting wird über die Abfrage der Bekanntheit von Social Media-Guidelines hergestellt und eine Frage zur Bewertung einer aktiven Ansprache eines Unternehmens über Social-Media-Kanäle vorgenommen. Die darauffolgend postulierten Szenarien sollen Reaktionsmuster seitens der Befragten Zielgruppe offenlegen, falls sie durch einen Mitarbeiter eines Unternehmens angeschrieben werden. Dabei war es dem Verfasser auch wichtig zu erodieren, von welchen Kriterien es abhängig ist, ob eine Rückmeldung auf die hypothetische Anfrage erfolgt. Im Schlussteil des Fragebogens werden Zukunftsaspekte des Recruitings beleuchtet. Dabei wird vor allem auf die durch die studentische Zielgruppe eingeschätzten Zukunftsaussichten Bezug genommen, sowie eine exemplarische Bewertung des Gamification-Modells vorgenommen.

Aus formaler Sicht ist zu erwähnen, dass im Fragebogen gängige Methoden der Fragebogenkonstruktion wieder zu finden sind:

- Ja/Nein Fragen

- Offene und geschlossene Fragen

- Begleittexte, die die logischen Abfolgen dieses Fragebogens illustrieren

- Mehrfach (Mehrfach-) und Einfachauswahlantworten

- Offene Textfelder

Für die Entwicklung des Fragebogens wurde eine möglichst flächige Herangehensweise gewählt. Dies bedeutet auch, dass der Fragebogen einige Fragen enthält, die allgemeine Aussagen zu Social Media zulassen, ohne dass diese in die schlussendliche Auswertung mit einfließen. Die nun folgende Auswertung des Themas ist als Komprimierung zu charakterisieren, die die wichtigsten Themen behandelt und ein Fokus auf diejenigen Aspekte legt, die den größten Forschungsmehrwert enthalten.

3.2.4. Pretest

Bevor die Umfrage am 17.05.2013 gestartet wurde, hat sie einige Modifikationsphasen durchlaufen. Über das soziale Netzwerk Facebook wurden Testfragebögen an einige Probanden verschickt, auch, um mögliche, objektive Fehler zu vermeiden.

3.3. Ergebnisdarstellung

In diesem Abschnitt des Buches erfolgt eine Auswertung des Fragebogens. Zunächst wird kurz auf die Rücklaufquote eingegangen.

3.3.1. Rücklaufquote

Durch Einbezug von mehreren Studiengängen konnte eine Reichweite von etwa 6000 Studenten generiert werden. Die Rekrutierung der Teilnehmer setzte sich aus Studierenden der HS Fresenius, des Rhein Ahr Campus Remagen und der Universität zu Köln zusammen. Insgesamt beantworteten N=204 den Fragebogen. Dies entspricht einer Rücklaufquote von 3,4 %.

3.3.2. Auswertung des Fragebogens

Im Folgenden wird die Auswertung des Fragebogens erfolgen. Bei der Auswertung des Fragebogens werden die Ergebnisse wahlweise in Diagrammform oder in Tabellenform dargestellt. Bei Ja/Nein Fragen wird auf Abbildungen zurückgegriffen, bei komplexeren Auswertungen wird die Tabellenform genutzt. Zunächst wird dabei auf die Generationseffekte eingegangen. Dabei werden die Ergebnisse zur Bekanntheit des Generation Y-Begriffs erläutert.

3.3.2.1. Bekanntheit und Eigenschaften der Generation Y

In Abbildung 8 wird das Ergebnis dargestellt, inwiefern die Begrifflichkeit der Generation Y bekannt ist. Dabei zeigte sich ein postuliertes Ergebnis von 38,9 % *(Ja)* und 61,1 % *(Nein)*.

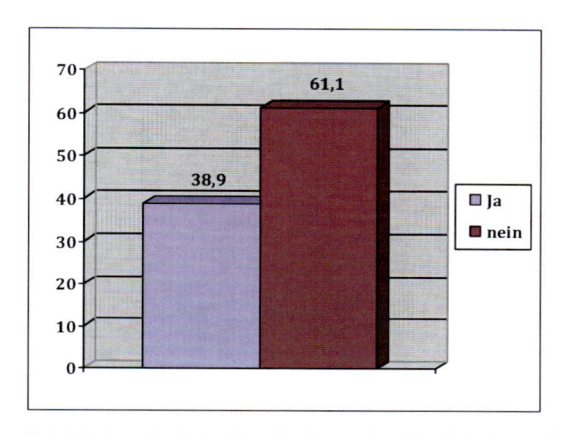

Abb.8: Bekanntheit des Begriffs Generation Y auf Basis von N=193.

Als sich anschließende Frage, sollten verschiedene Eigenschaften genannt werden, die aus Sicht der studentischen Zielgruppe der Generation Y in Verbindung gebracht werden. Bei dieser Befragung zeigte sich ein eindeutiges Bild. Wie in Abbildung 9 illustriert, assoziiert die studentische Zielgruppe mit der Generation Y primär *den erlernten Umgang mit digitalen Medien*.

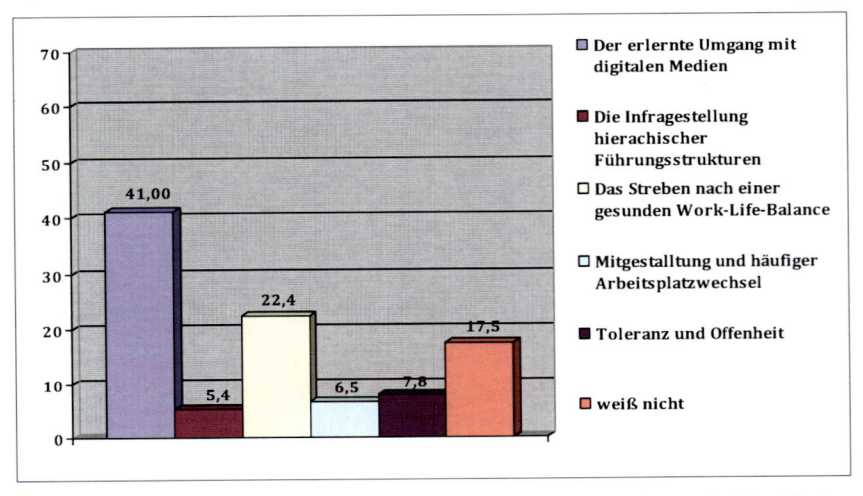

Abb. 9: Darstellung über die Einschätzung der primären Merkmale der Generation Y auf Basis von N = 183.

Mit einer Prozentzahl von 41 % bei ist dieser Aspekt mit deutlichem Abstand auf dem vorderen Platz, vor dem Streben nach einer gesunden *Work-Life-Balance* mit 22,40 %. Auffällig ist, dass viele keine Vorstellung von den Eigenschaften der Generation Y besitzen. So liegt das Item *weiß nicht* mit 17,49 % auf dem dritten Platz.

Im weiteren Verlauf der Auswertung soll es um die Bekanntheit und die Assoziationen mit dem Begriff Social-Media-Recruiting gehen und damit ist eine Hinwendung zum zentralen Thema des vorliegenden Buches.

3.3.2.2. Bekanntheit und Assoziationen mit dem Begriff Social-Media-Recruiting

Kern des Buches ist die Fokussierung auf die Zusammenhänge, die sich aus der Befassung mit dem Begriff Social Media ergeben. Zunächst stand die Frage im Fokus, inwiefern der Begriff Social-Media-Recruiting von der studentischen Zielgruppe gekannt wird.

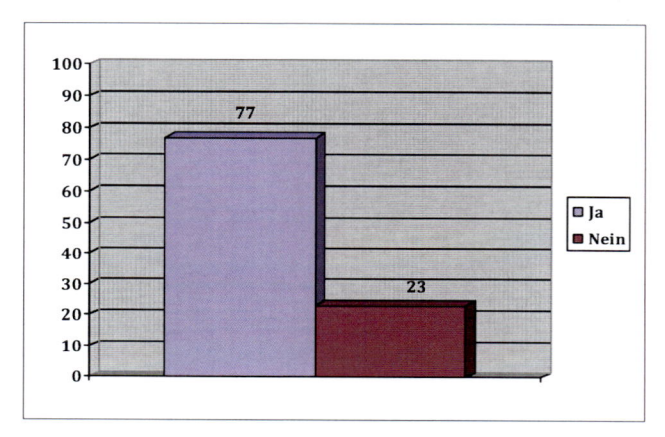

Abb.10: Bekanntheit des Begriffs Social-Media-Recruiting bei N=183

Hier zeigte sich ein eindeutiges Bild. 77% der Studenten ist der Begriff Social-Media-Recruiting bekannt, während 23% der Studenten diese Frage verneinten. Eine zu erwartende Einschränkung ergab sich bei der Aussage *Wenn ich an Social-Media-Recruiting denke, habe ich eine konkrete Vorstellung*. Hier postulierten 69, 7 %, dass sie eine konkrete Vorstellung besitzen, während 30,3% keine konkrete Vorstellung postulierten.

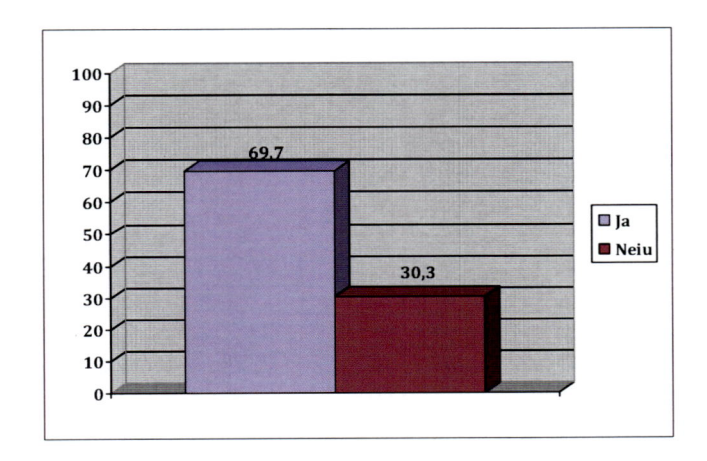

Abb. 11: Konkrete Vorstellung bei der Nennung des Begriffs Social-Media-Recruiting N=143.

Daran anknüpfend sollte es um die Assoziationen mit diesem Begriff gehen (Tab. 2).

Tab. 2: Assoziationen mit dem Begriff Social-Media-Recruiting bei N=136

Rangreihe	Nennungen absolut	Prozentual
Ein modernes Tool im Bereich Personalbeschaffung	74	54,41
Einen Hype	22	16,18
Das Recruitingkonzept der Zukunft	19	13,97
Vielfältige Anwendbarkeit	9	6,62
Ein großes Durcheinander	7	5,15
Offenes Textfeld	5	3,37
Gesamt	136	100 [19]

Es zeigte sich, dass der Begriff primär mit dem Bereich der Personalbeschaffung assoziiert wird. Gleichzeitig wird es auch mit einem Anteil von 13,97 % als *Recruitingkonzept der Zukunft gesehen. Einen Hype* sehen 16,18 % der Befragten in diesem Themenfeld, während die Items *vielfältige Anwendbarkeit* und *ein großes Durcheinander eine* eher untergeordnete Rolle spielen. Anhand des *offenen Textfelds* konnten die Befragten weitere Assoziationen äußern. Hier wurde es als Teil einer ganzheitlichen Recruitingstrategie und als ein weiterer Kanal gesehen, um Arbeitnehmer zu erreichen.

---

[19] Aus Gründen der Übersichtlichkeit, sind die Ergebnisse der Spalte prozentual auf die Zahl 100 gerundet.

3.3.2.3 Bekanntheit verschiedener Recruitingportale

Im folgenden Schritt (Tab. 3) soll zusammengestellt werden, welche Recruitingportale für die Befragten bekannt sind[20].

Tab. 3: Darstellung der Bekanntheit verschiedener Recruitingportale bei N=136

Rangreihe	Nennungen absolut	Prozentual	Gewichtung
Businessnetzwerke	119	33,52	87,50
Beziehungsportale	116	32,68	85,29
Online-Assessment	75	21,13	55,14
Mobiles E-Recruiting	18	5,07	13,23
Recruitingblogs	18	5,07	13,23
Lokalisierungsapps mit Jobfunk	6	1,69	4,41
keine	2	0,56	1,47
Gesamt	**354**	**100**	**260,27**

Es offenbarte sich eine klare Tendenz: Als Recruitingportale werden sowohl *Businessnetzwerke* (87,52%), wie XING oder LinkedIn, in nahezu gleicher Weise wie *Beziehungsportale* (85,29%), wie Facebook, erkannt. Auch die neue Form des *Online-Assessments* wird von rund 55,14 % der Befragten gekannt. Zukunftsaspekte (weitere Ausführungen gegen Ende der Ergebnisdarstellung), wie da das *Mobile E-Recruiting* werden nur von run13, 23 % der Befragten als bekannt wahrgenommen. Auch zeigte sich, dass nur eine sehr geringe Anzahl von Teilnehmern überhaupt keine Recruitingportale kennt (1,47%). Im weiteren Verlauf soll eruiert werden, über welche Recruitingportale die Befragten schon einmal aktiv auf Jobsuche gegangen sind und über welche Portale sie schon einmal rekrutiert wurden. Die Ergebnisse werden in Tabelle 4 und 5 dargestellt.

---

[20] Zum Verständnis: Bei Fragen, die Mehrfachantworten zulassen, wird das Feld *Gewichtung* ergänzt. Die Werte ergeben sich durch die Formel: Nennungen absolut / Anzahl der Teilnehmer x 100. Im Textfluss werden die Zahlen aus dem Feld Gewichtung verwendet. Durch die Mehrfachantworten ergibt sich eine Prozentzahl über 100.

Tab. 4: Darstellung der Bekanntheit der Portale für aktive Jobsuche bei N=172

Rangreihe	Nennungen absolut	Prozentual	Gewichtung
Online-Jobbörsen	114	34,55	66,27
Die Unternehmenswebseite	93	28,18	54,06
XING	34	10,30	19,76
Keines der Genannten	30	9,09	17,40
Bewertungsportale	29	8,79	16,86
Facebook	17	5,15	9,88
LinkedIn	7	2,12	4,06
Twitter	2	0,61	1,10
Mobile Recruiting	0	0,00	0
Gesamt	326	100	189,39

Tab. 4: Darstellung der Bekanntheit der Portale für passive Jobsuche bei N=170

Rangreihe	Nennungen absolut	Prozentual	Gewichtung
Über Keins	98	51,04	57,64
XING	49	25,52	28,82
Facebook	28	14,58	16,47
LinkedIn	9	4,69	5,29
Offenes Textfeld	4	2,09	2,35
Twitter	3	1,56	1,76
Mobile Apps	1	0,52	0,05
Gesamt	183	100	112,38

Etablierte Portale, wie *Online-Jobbörsen* oder die *Unternehmenswebseite*, werden mit hohem Abstand genutzt. Die *Online-Jobbörse* kommt auf 66,27%, während die *Unternehmenswebseite* als aktiver Recruitingkanal eine Nutzung von 54,06 % aufweist (Tab.4). *Social-Media-Kanäle* werden von der studentischen Zielgruppe für die Jobsuche eher gering verwendet. Am häufigsten wird hierbei *XING* genutzt (19,76 %). Die Anzahl derjenigen, die keines der genannten Portale verwenden ist mit unter 17,40 % relativ gering. Es fällt auf, dass das internationale Portal *LinkedIn* kaum genutzt wird, während die neue Möglichkeit des Mobile- Recruitings von keinem der Befragten verwendet wurde. Bei der Betrachtung der verwendeten Recruitingportale[21] von Unternehmen um Bewerber zu rekrutieren, zeigte sich folgendes Bild: Viele der Teilnehmer wurden noch von keinem Unternehmen rekrutiert (57,64%)[22]. Weiter wird deutlich, dass das Businessnetzwerk *XING* vergleichsweise häufig zum Einsatz kam (28,82%). Die Social-Media-Anwendungen *LinkedIn, Twitter und Mobile-Applikationen* spielen bei diesem Aspekt eine untergeordnete Rolle. Teilnehmer sind nur sehr selten über diese Portale angeschrieben worden.

Die Ergebnisse der Tabelle 5 zeigen, dass vor allem Recruitingkanäle für die aktive Jobsuche genutzt werden, die keinen Social-Media-Bezug aufweisen.

3.3.2.4. Qualitative Bewertung von Recruitingportalen

Im weiteren Verlauf der Ergebnisdarstellung soll das Augenmerk auf Kommentaren zum am besten bewerteten Recruitingportal liegen. Aus Sicht der studentischen Zielgruppe sollte anhand eines offenen Textfelds das aus subjektiver Sicht beste Portal gewählt werden. Bei dieser geforderten Antwort haben sich die meisten der Befragten für das Portal *XING* entschieden. Hier gibt es einige Nennungen, weiter wurden die Unternehmenswebseite, *Online-Jobbörsen*, *LinkedIn* und *Facebook* genannt. Die Hauptvorteile von *XING* werden im Folgenden dargestellt. Aus den offenen Textfeldern werden nun die Kategorien extrahiert, die sich aus den freien Antworten ergaben. Ergänzend wird ein freies Zitat von Probanden der jeweiligen Kategorie zugeordnet.

---

[21] Anmerkung: Hier werden teilweise andere Recruitingportale genannt, da aktives Recruiting über die Unternehmenswebseite beispielsweise nicht möglich ist.
[22] Für Erläuterungen zu diesem Aspekt bitte Kapitel 4 zur Rate ziehen.

Tab. 5: Qualitative Bewertung des Portals XING anhand von Aussagen von Probanden.

Kategorie	Aussagen / Meinungen
Businessbezug	„(Bei XING) findet Business statt, Facebook ist eher privat", „Karriere-Netzwerk", „da klar ist, dass es um berufliche Hintergründe geht"
Starke Vernetzung	„individuelle Profile und individueller Kontakt", Fokus auf Netzwerkpflege und Karrierechancen"
Seriosität	„seriöse Nutzerdaten", „etabliert", „gutes Netzwerk, seröse Ausrichtung","(XING) ist seriös und passt in den Kontext"
Gezielte Bewerbersuche	„XING, da hier Unternehmen gezielt nach adäquaten Bewerbern für die jeweiligen Positionen suchen können, "viele Erwachsene mit gewisser Berufserfahrung sind dort angemeldet. (es ist) leichter eine gewisse Zielgruppe anzusprechen", „Plattform für Berufstätige mit Vita und Suchfunktion".

Anmerkung: In der qualitativen Bewertung des aus subjektiver Sicht der Bewerber geeignetsten Portals, ergaben sich N=64 Antworten für das Portal XING.

Wie in der Tabelle 6 aufgezeigt wird, wird das Portal XING vor allem anhand der Eigenschaften *Businessbezug, Starke Vernetzung, Seriosität und gezielte Bewerbersuche* als profiliertestes Netzwerk angesehen. Die anderen Portale, die bei der subjektiven Bewertung genannt worden sind, sollen in einer weiteren Tabelle (Tab.7) tabellarisch zusammengefasst werden.

Tab. 6: Qualitative Bewertung verschiedener Recruitingportale anhand von Aussagen der Probanden.

Portal	Meinungen/Aussagen
Online-Jobbörsen	„übersichtlich und konkret", „gute Suchfunktion und übersichtlich", „gebündelte Stellenangebote für verschiedene (Kategorien)" kostenfrei und
Facebook	„ (...) wegen der Reichweite". „(Facebook) ist leichter zu benutzen",
LinkedIn	„ Wir sind International", „(geeignet für) Young Professionals"
Bewertungsportale	„da hier Bewertungen zu den jeweiligen Unternehmen abgegeben werden und man sich somit ein gutes Bild über das jeweilige Unternehmen machen kann".
Zeitung	„Seriosität garantiert".

Diese in der oben stehenden Tabelle angegebenen Portale spielten im Vergleich zu der mit Abstand häufigsten Nennung des Portals XING als geeignetstes Netzwerk nur eine untergeordnete Rolle. Bei den Online-Jobbörsen wurde in den Meinungen/Aussagen und dazwischen vor allem die Übersichtlichkeit und gezielte Stellensuche in den Vordergrund gestellt. Facebook wurde aufgrund der hohen Reichweite als geeignet eingestuft. Bei LinkedIn stehen der internationale Gedanke im Vordergrund und die Ansicht, dass es ein Netzwerk ist, das sich vor allem an Young Professionals richtet. Bei Bewertungsportalen, wie Kununu, zeigt sich, dass es nach Einschätzung der studentischen Zielgruppe vor allem durch die Bewertungen von anderen einen Vorteil. Bei dem klassischen Recruitingkanal der Zeitung wurde der nicht weiter ausgeführte Aspekt der Seriosität in den Vordergrund gestellt.

Weiterführend sollte die studentische Zielgruppe einschätzen, wie sie die Nutzungshäufigkeit von klassischen Recruitinginstrumenten Gegensatz zu Social-Media-Angeboten sieht.

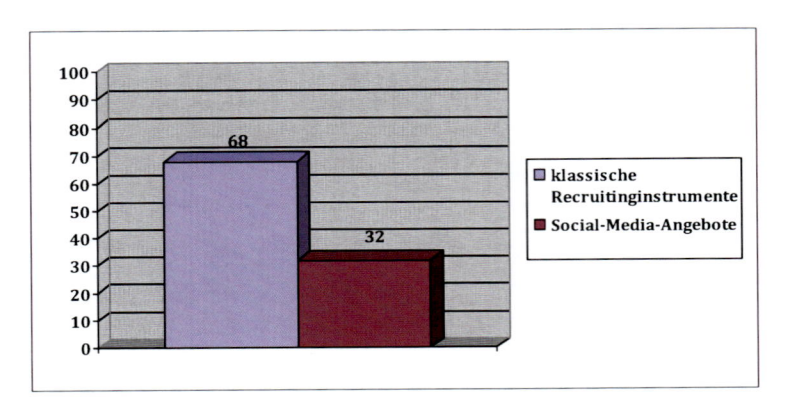

Abb. 12: Nutzungshäufigkeiten Unternehmen von Recruitinginstrumenten auf Basis von N=167

Hier zeigte sich ein klares Bild: *Klassische Recruitinginstrumente* werden aus Sicht der studentischen Zielgruppe wesentlich häufiger genutzt (68,26%) als *Social-Media-Angebote* (31,74%). An diese Frage anknüpfend sollte die studentische Zielgruppe postulieren, von welchen Faktoren es abhängt, ob ein Unternehmen Social-Media-Angebote verwendet. Hier zeigte sich ein ebenfalls sehr klares Bild. Die drei Aspekte, die von der studentischen Zielgruppe am wichtigsten eingestuft worden, sind die *Branche, die Expertise der Personalabteilung und die Größe des Unternehmens*. Eine detaillierte Ergebnisdarstellung erfolgt anhand von Tabelle 8.

Tab. 7: Darstellungen der Abhängigkeitsfaktoren für die Verwendung von Social- Media- Angeboten bei N=167

Rangreihe	Nennungen absolut	Nennungen prozentual	Gewichtung
Von der Branche	133	31,44	79,64
Von der Expertise der Personalabteilung	77	18,20	46,10
Größe des Unternehmens	73	17,26	43,71
Anzahl junger Mitarbeiter im	63	14,89	40,12
Vom Budget des Unternehmens	50	11,82	29,94
Von flachen Hierarchien innerhalb des Unternehmens	22	5,20	13,17
Gesamt	418	100	252,68

Neben den drei oben genannten, wichtigsten Faktoren, zeigt sich, dass das *Budget*, genauso wie *flache Hierarchien*, eine eher untergeordnete Rolle bei der Bewertung spielte.

3.3.2.5 Bewertung von Erwartungen an Social-Media-Angebote von Unternehmen.

Im folgenden Kapitel soll es um die Erwartungen an Social-Media-Angebote gehen. Zunächst sollten die Erwartungen herausgearbeitet werden, wenn die studentische Zielgruppe auf Jobsuche neben dem Studium geht. Hier zeigte sich primär, dass Social-Media-Angebote unterstützenden Charakter bei der Jobsuche neben dem Studium aufweisen sollen und kaum ausschließlich für die Jobsuche verwendet werden. Diese Einstufung wird in der nachfolgenden Abbildung (Abb.13) genauer aufgezeigt.

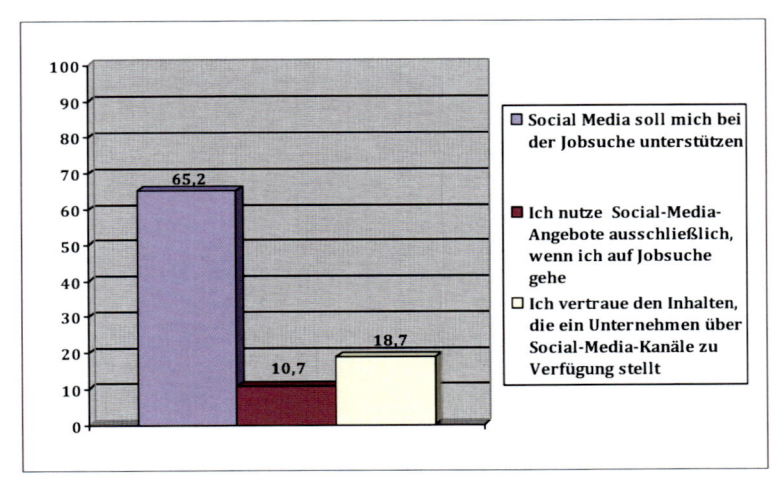

Abb.13: Bewertung von Aussagen über Social-Media-Angeboten auf Basis von N=155.

Die Anzahl derjenigen, die den Inhalten der Social-Media-Angebote vertrauen, liegt bei 18,72 %. Anhand eines offenen Textfelds konnten die Teilnehmer noch weitere Aussagen über Social-Media-Angebote postulieren. Einige exemplarische Aussagen werden nachfolgend zusammengefasst.

- *„Ich informiere mich über Social-Media-Kanäle, über das Unternehmen, würde aber keinen Kontakt aufnehmen".*

- *„Ich vertraue den Unternehmen ebenso wenig, wie der Form. Ich halte Social-Media-Angebote für undursichtig, unpersönlich und zeitraubend. Der Mensch steht nicht mehr im Mittelpunkt, er verschwindet hinter einem anonymisierten PC".*

- *„Da ich nur privat im Bereich Social Media unterwegs bin, werde ich nur die klassischen Recruitingkanäle nutzen".*

In diesen Aussagen wurde ein eher negatives Bild von Social-Media-Angeboten gezeichnet. Der private Charakter, sowie Misstrauen und die Anonymisierung des Einzelnen wurde hier kritisch hinterfragt. Die Bedeutung dieser Aussagen ist allerdings einzuschränken, da lediglich 5% der Befragten von der Option des offenen Textfelds Gebrauch machten.

Weiterführend soll die Frage im Vordergrund stehen, was ein Social-Media-Angebot von Unternehmen aus Sicht der studentischen Zielgruppe beinhalten sollte. Die Ergebnisse werden in der nachfolgenden Tabelle zusammen gefasst.

Tab.8: Darstellung von Unternehmensangeboten bei N=157

Rangreihe	Nennungen absolut	Prozentual	Gewichtung
Informationen zu Stellenangeboten	147	30,25	93,63
Karriereperspektiven	109	22,43	69,42
Korrespondenz bei Fragen	103	21,19	65,60
Allg. Unternehmensnachrichten	64	13,17	40,76
Erfahrungsberichte von Mitarbeitern	47	9,67	29,93
Gesellschaftspolitische Themen	13	2,67	8,28
Gesamt	483	100	308,16

Es zeigte sich, dass die Erwartung dahin geht, dass die Bereitstellung von Stellenangeboten, sowie Karriereperspektiven und die Korrespondenz bei Fragen von hoher Wichtigkeit sind. Eine untergeordnete Rolle spielen hingegen allgemeine Unternehmensnachrichten, Erfahrungsberichte von Mitarbeitern und gesellschaftspolitische Themen.

Desweiteren soll es jetzt um ein hypothetisches Szenario gehen, was die Erwartungen an ein hypothetisches Unternehmen angeht. Die Frage wurde konkretisiert, indem von der studentischen Zielgruppe die Reaktionsakzeptanz eingestuft werden sollte.

Tab.9: Reaktionserwartung an Unternehmen auf Stellenanfrage bei N=158

Rangreihe	Nennungen absolut	Prozentual
1 Tag	74	46,84
2-3 Tage	62	39,24
2-3 Stunden	12	7,59
Eine Woche	8	5,06
sofort	1	0,63
Gesamt	158	100

Bei der Redaktionserwartung an Unternehmen zeigt sich, dass eine Rückantwort seitens des Unternehmens zwischen einem und drei Tagen liegen sollte (46,84%, beziehungsweise 39,24 %). Eine sofortige, oder eine Antwort innerhalb von wenigen Stunden wird weniger erwartet. Im Weiteren sollte postuliert werden, wie das Unternehmen eingeschätzt wird, wenn das Unternehmen nicht auf die Anfrage reagiert. Hier zeigte sich, dass mit wenig Toleranz reagiert wird, wenn das Unternehmen die Anfrage ignoriert. Die Aussage *dies kann in den besten Unternehmen* passieren (wird nur mit 10,19 % eingestuft. Die weiteren Antworten werden in der nachfolgenden Tabelle (Tab.11) dargestellt.

Tab. 10: Imagebewertung bei ausbleibender Unternehmenskommunikation bei N=157

Rangreihe	Nennungen absolut	Nennungen prozentual
„Ich als Bewerber werde nicht ernst genommen"	67	42,68
„Das Unternehmen arbeitet unprofessionell"	37	23,57
„Das Unternehmen hat das Grundprinzip des Social-Media-Dialogs nicht verstanden"	31	19,75
„Das kann in den besten Unternehmen passieren"	16	10,19
Offenes Textfeld	6	3,81
Gesamt	157	100

Auf die Gegebenheit, wenn ein Unternehmen nicht auf eine Stellenanfrage reagiert, wurde abgefragt, wie die potenziellen Bewerber damit umgehen. Es wurde deutlich, dass viele sich davon nicht beeinflussen lassen. Im Gegenteil. Viele finden es in Ordnung, selbst proaktiv zu werden und mit dem Unternehmen Kontakt aufzunehmen. Die detaillierten Ergebnisse werden in der nachfolgenden Tabelle dargestellt.

Tab.11: Verhaltensweisen bei ausbleibender Unternehmenskommunikation bei N=154

Position	Nennungen absolut	Prozentual
„Ich nehme proaktiv Kontakt mit dem Unternehmen auf"	80	51,95
„Ich werde nicht weiter tätig und werde mich woanders bewerben"	53	34,42
„Ich erzähle von meinen negativen Erfahrungen"	9	5,84
„Ich werde aktiv und warne Freunde/Freundinnen sich dort nicht zu bewerben".	7	4,55
Offenes Textfeld	5	3,24
Gesamt	154	100

Im weiteren Verlauf der Auswertung soll es um das Thema Datenschutz gehen. Anhand von Fragen zu den in der Literatur aufgegriffenen Aspekten zu Social Media-Guidelines beantwortet, sowie ein hypothetisches Szenario entworfen.

3.3.2.6. Datenschutz im Social-Media-Recruiting

Zunächst wurde erfragt, inwiefern der Begriff der Social Media Leitlinien ist und ob es von der studentischen Zielgruppe als richtig eingestuft wird, dass Unternehmen durch Social-Media-Aktivitäten Zugriff auf Benutzerdaten haben. Die Ergebnisse werden in der nachfolgenden Abbildung (Abb. 14) zusammengefasst.

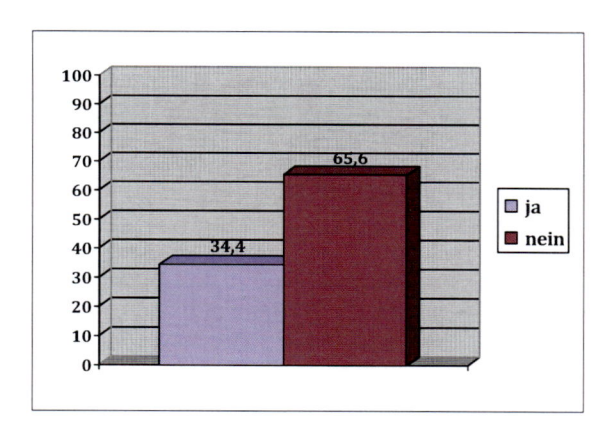

Abb. 14: Bekanntheit des Begriffs Social-Media-Guideline bei N=154

Es zeigte sich, dass der Begriff der Social Media-Guideline nicht sonderlich bekannt ist. Tatsächlich postulierten nur etwa 34,4 % der Befragten ein *Ja* wohingegen 65,5% der Befragten aussagten, dass sie den Begriff der Social-Media- Guideline nicht kennen. Anschließend sollte die Aussage beantwortet werden, inwiefern es als richtig eingestuft wird, dass Unternehmen durch Social-Media-Aktivitäten Zugriff auf Benutzerdaten haben. (Abb. 15).

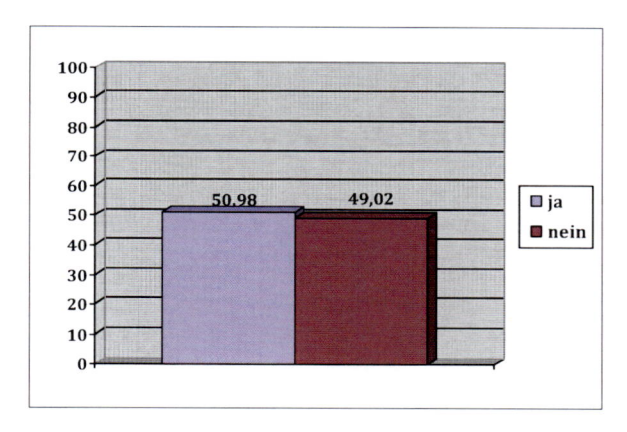

Abb. 15: Einstufung Akzeptanz auf Datenzugriff seitens der Unternehmen bei N=153

In diesem Beispiel offenbarte sich ein indifferentes Bild. Der Zugriff auf Daten polarisiert und wird mit 50, 98% akzeptiert und mit 49,02 % abgelehnt.

In der Folge sollten die Probanden ein Szenario zum Thema Datenschutz beantworten. Zur nachvollziehbareren Darstellung des Ergebnisses wird das komplette Szenario rezitiert:

Angenommen: Sie werden über Social-Media-Portale von einem Mitarbeiter aus einem Unternehmen angeschrieben, den sie nicht personalisiert in Ihrer Liste haben. Er möchte Sie für einen Job anwerben. Wie gehen Sie damit um?

Die Ergebnisse werden in der folgenden Tabelle (Tab.13) dargestellt.

Tab. 12: Verhaltensweisen der studentischen Zielgruppe bei einer Jobanwerbung bei N=148

Position	Nennungen absolut	Prozentual
„Ich melde mich nur, wenn ich am Jobangebot interessiert bin"	82	55,41
„Ich melde mich auch, wenn mich das Jobangebot nicht interessiert und sage höflich ab."	50	33,78
„Ich ignoriere die Anfrage"	8	5,41
„Ich lese die Anfrage durch, aber belasse es dabei"	5	3,38
„Ich beschwere mich über die Anfrage und verweise auf Datenschutz und Privatsphäre"	2	1,35
Gesamt	148	100

Es wurde deutlich, dass die Tendenz dahin geht, dass die aktive Kontaktaufnahme mit dem Unternehmen dann gewählt wird, wenn das Jobangebot für den Bewerber interessant ist. Dennoch würden sich rund 33, 78 % der Bewerber melden, wenn sie das Jobangebot nicht interessiert. Ein Verweis auf Datenschutz, oder eine aktive Beschwerde, ist nur für eine sehr geringe Anzahl der Teilnehmer einer Option.

Weiter stellte sich die Frage, wie das Verhalten zu beurteilen sei, wenn ein Teilnehmer der explorativen Studie von einem Unternehmen angeschrieben wird. Die Ergebnisse werden durch die nachfolgende Tabelle 14 illustriert.

Tab. 13: Bewertung der Wirkung von nicht personalisierten Jobanfragen bei N=146

Position	Nennungen absolut	Prozentual	Gewichtung
Notwendige Maßnahme des Unternehmens Personal zu beschaffen	78	45,88	53,42
aufdringlich	34	20,00	23,28
unseriös	26	15,29	17,80
irrelevant	21	12,35	14,38
Offenes Textfeld	11	6,48	7,53
Gesamt	170	100	116,41

Hier wurde deutlich, dass dieses Vorgehen auf diese Art und Weise Personal zu beschaffen auf Akzeptanz stößt. Von 53,42% der Befragten wurde das Vorgehen, das Personal über Online-Kanäle anzuschreiben, akzeptiert. Die Neigung, ein derartiges Vorgehen als *aufdringlich* oder *unseriös* zu empfinden, war im Vergleich geringer, aber dennoch nicht unwesentlich. In dem offenen Textfeld konnten die Bewerber zusätzliche Aussagen treffen. Hier wurde unter anderem, dass es „auf die Qualität der potenziellen Stelle ankomme". Auch Kritisches wurde geäußert: „(...) *je nach Plattform würde ich mich fragen, woher die Person meine Kontaktdaten hat*". Weiter wurde erfragt, welche Kriterien denn wichtig sind, wenn Kandidaten über Social-Media-Kanäle angeschrieben werden. Auch hier werden die Ergebnisse tabellarisch (Tab. 15) dargestellt.

Tab. 14: Abhängige Faktoren bei der Jobanafrage bei N=147

Position	Nennungen absolut	Prozentual	Gewichtung
Die textliche und inhaltliche Aufbereitung der Anfrage	117	27,66	79,59
Die Unternehmensbranche	89	21,04	60,54
Die Referenzen des Unternehmens	82	19,39	55,78
Die Nennung wichtiger Ansprechpartner	72	17.02	48,97
Der Bekanntheitsgrad des Unternehmens	46	10,87	31,29
Der Verweis auf Social-Media-Guidelines	13	3,07	8,84
Offenes Textfeld	4	0,95	2,7
Gesamt	423	100	287,71

Es wurde deutlich, dass stärker noch als der *Bekanntheitsgrad des Unternehmens*, die *textliche und inhaltliche Aufbereitung* der Anfrage von Bedeutung ist. Mit einem Anteil von 79,59 % wurde diese Antwortmöglichkeit am Häufigsten genutzt. Eine untergeordnete Rolle spielt *der Verweis auf Social-Media-Leitlinien*. Hier machten die Antworten lediglich 8,84 % aus.

Im letzten Kapitel der Auswertung soll es, analog zum Literaturteil des Buches, um Zukunftsaspekte gehen. Die Ergebnisdarstellung von Zukunftsaussichten im Bereich Social-Media-Recruiting ist Teil des nächsten und letzten Kapitels.

3.3.2.7 Bewertung von Zukunftsaspekten im Social-Media-Recruiting

In diesem Abschnitt soll es um Zukunftsaspekte im Bereich Social-Media-Recruiting gehen. Zunächst war die studentische Zielgruppe dazu angehalten zu bewerten, ob Social-Media-Recruiting weiter zunehmen wird.

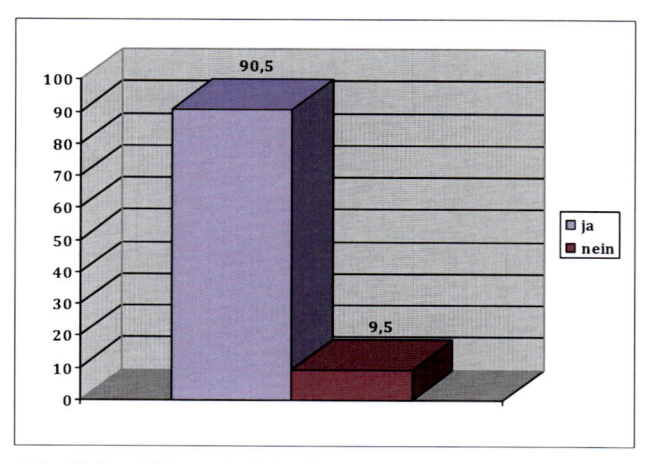

Abb. 16: Einschätzung der Zukunftsaussichten von Social-Media-Recruiting bei N=147

Hier zeigte sich ein klares Bild. Etwa 90,5 % der Befragten sind der Ansicht, dass Social-Media-Recruiting in Zukunft an Bedeutung gewinnen wird. In der Folge wurde differenziert erfragt, welche Portale denn in Zukunft an Bedeutung gewinnen werden.

Tab. 15: Einschätzung der Bedeutungszunahme verschiedener Recruitinginstrumente bei N=143

Position	Nennungen absolut	Prozentual	Gewichtung
XING	81	24,62	56,64
Facebook	73	22,19	51,04
Mobile Apps	54	16,14	37,78
Recruiting im Ausland	49	14,89	34,26
LinkedIn	40	12,16	28,01
Klassische Recruitingkanäle	27	8,21	18,88
Offenes Textfeld	3	1,18	2,1
Gamification	2	0,61	1,4
Gesamt	329	100	230,11

Die hohe Reputation des Businessnetzwerks *XING* zeigt sich auch hier. *XING* und Facebook werden laut der studentischen Zielgruppe am meisten an Bedeutung gewinnen. Bei *XING* gehen 56,64% der Befragten von einem Bedeutungszuwachs aus. Auch das in der Literatur vielseits erwähnte Modell der Zukunft *Mobile-Recruiting* wird mit 37,78 % einen Bedeutungszuwachs erhalten. Daran anschließend sollte die in der Literatur ebenfalls viel diskutierte Frage stehen, wie sich Social Media in Zukunft in Relation zu klassischen Recruitingelementen verhalten wird.

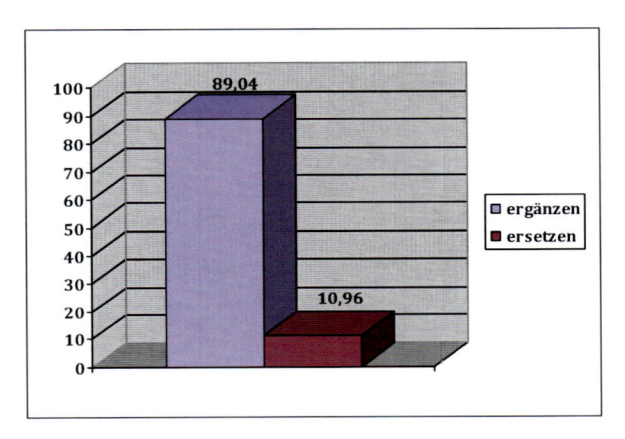

Abb. 17: Einschätzung des Verhältnisses von Social-Media-Recruiting und klassischen Instrumenten des Recruitings bei N= 146

In der oben dargestellten Abbildung sollte angegeben werden, wie sich das Verhältnis von Social-Media-Instrumenten und klassischen Instrumenten des Recruitings zukünftig entwickeln wird. Die studentische Zielgruppe postulierte eine Antwort, die Social-Media-Recruiting als klaren, zukünftigen Ergänzungskanal charakterisiert.

Als letzte Frage der Auswertung wurde auf das Gamification-Modell Bezug genommen. Durch dieses Modell können zukünftige, potenzielle Mitarbeiter einen unternehmerischen Werdegang virtuell durchlaufen (vgl. 2.7.2.). Das Modell sollte bewertet werden. Folgende Ergebnisse (Tab. 17) zeigten sich.

Tab. 16: Bewertung des Gamification-Modells.

Position	Nennungen absolut	Prozentual
Eher positiv	61	41,50
Weiß nicht	49	33,33
Sehr positiv	23	15,65
Eher negativ	13	8,84
Sehr negativ	1	0,68
Gesamt	147	100

Das Konzept des Gamifications wird in der Gänze eher positiv bewertet. *Sehr positiv* wurde nur von einer deutlich kleineren Anzahl angegeben (15,65 %). Auffällig ist, dass viele ein *weiß nicht* postulierten.

Nachdem die Darstellung der Ergebnisse erfolgte, werden die erzielten Ergebnisse nun interpretiert.

4. Diskussion und kritische Reflexion

In diesem Abschnitt des Buches steht die Analyse der bisherigen Ergebnisse im Vordergrund. Es ist dabei ein Anliegen, eine Verbindung zwischen den Erkenntnissen des Literaturteils und den Ergebnissen der explorativen Studie zu generieren. Dabei behält sich der Autor vor, einige Themen intensiver zu behandeln, als andere. Das Thema SEO ist ausschließlich Gegenstand des theoretischen Hintergrunds gewesen. In der Analyse sollen die untersuchten Aspekte hinsichtlich der Generationsaspekte, der Bekanntheit verschiedener Recruitingportale und deren qualitativer Bewertung, das Thema Datenschutz, sowie Zukunftsaspekte in den Vordergrund gestellt werden. In der Folge sollen die erzielten Ergebnisse kritisch hinterfragt werden.

4.1. Interpretation der Ergebnisse

Als erster Analysepunkt stand die Abfrage der Bekanntheit des Begriffs der Generation Y im Vordergrund. Hierbei fiel vor allem auf, dass die Bekanntheit des Begriffs der Generation Y im Verhältnis wenig bekannt ist. Nur etwa 38,9 % der Befragten, gaben an, dass ihnen der Begriff vertraut ist. Dieses Ergebnis ist vor dem Hintergrund zu sehen, dass die Begrifflichkeit der Generation Y aus der Soziologie stammt. Also eine fachspezifische Charakterisierung darstellt. Da in der Auswertung nicht nach Studiengängen ausselektiert wurde, ist eine gezielte Fachgruppe (beispielsweise aus Soziologen) nicht für die Erhebung berücksichtigt worden. Vergleicht man die Generationsmerkmale, die in der Literatur benannt wurden, so wird deutlich, dass hier eine Kohärenz zwischen den Charakterisierungen aus dem Literaturteil und den Ergebnissen der explorativen Untersuchung möglich wird. Hier postulierten 41 % der Befragten, dass der Umgang mit digitalen Medien zentral sei (Weise, 2011). Auch das Streben nach einer gesunden Work-Life Balance (Salmen, 2012) wird von der studentischen Zielgruppe als zweitwichtigstes Kriterium bei der Einstufung innerhalb der explorativen Studie gesehen (22,4%). Eine Abweichung von den in der Literatur genannten Kriterien zeigte sich bei der Aussage, dass die Generation Y hierarchische Führungsstrukturen infrage stelle. Generationsanalytiker, wie Thomas Sattelberger ,sehen autokratische Führungsstrukturen als generalüberholt an (Süddeutsche, 2013), dieses Bild wird in der explorativen Studie nicht bestätigt. Durch die Ergebnisse wird deutlich, dass die Befragten zwar eindeutig technologischen Fortschritt mit der Generation Y verbinden, im Arbeitskontext allerdings ein gewisser Konservatismus deutlich wird. Das Bild des emanzipierten Mitarbeiters, welches in der Literatur gezeichnet wird, wird bei der Auswertung der Generationscharakteristika zumindest eingeschränkt. Der nachfolgende Teil der Auswertung beschäftigte sich explizit mit der Bekanntheit und den Assoziationen zum Begriff Social-Media-Recruiting. An vorderster Stelle sollte abgefragt werden, inwiefern der Begriff Social-Media-Recruiting bekannt ist. Hier zeigte sich eine klare Tendenz. Der Begriff Social-Media-Recruiting ist innerhalb der studentischen Zielgruppe sehr bekannt. Die Bekanntheit liegt bei 77% und auch bei der sich anschließenden Frage, ob die Zielgruppe eine klares Bild von diesem Begriff besitzt, zeigte sich große Zustimmung: 69,4 % der Befragten besitzen ein klares Bild, wenn sie den Begriff Social-Media-Recruiting hören. Dieses Ergebnis überrascht, da viele Teilnehmer noch keine konkreten Recruitingerfahrungen gemacht haben (siehe weiteren Textverlauf) und es sich bei der Bezeichnung um einen Fachtermini handelt, mit dem man ohne fachliche Nähe nicht konfrontiert wird. Weiter zeigte sich, dass Social-Media-Recruiting eindeutig als modernes Tool der Personalbeschaffung erkannt wird. 54,41 % postulierten diese Antwort. Desweiteren gaben 16,6 % an, dass es sich bei Social-Media-Recruiting um einen Hype handelt. Dies könnte darauf hindeuten, dass der Begriff zwar in den Köpfen verankert ist, allerdings die Langlebigkeit noch nicht absehbar ist. Die Angst, dass Unternehmen bei der Beschäftigung einem Hype auf erliegen, wurde im theoretischen Teil des Buches deutlich (vgl. Kapitel 2.7.) Dass Social-Media-Recruiting teilweise durchaus als Hype und weniger als Chance verstanden wird, zeigte sich darin, dass viele Unternehmen ihre Social-Media-Aktivitäten wieder einstellten, aus Angst, dass die unternehmensinternen Ressourcen nicht ausreichen, um in diesem Markt zu bestehen (Leyenberg, 2011). Hier repräsentieren die Antworten der Studenten die Skepsis, die es auch in Unternehmenskreisen gibt.

Im weiteren Verlauf der Auswertung wurde die Bekanntheit verschiedener Recruitingportale abgefragt. Hier bestätigte sich der Trend, dass die Beziehungs– und Businessportale eine hohe Bekanntheit aufweisen. Gerade das Businessnetzwerk XING ist in der Literatur als bevorzugtes Social-Media-Portal klassifiziert. Dies zeigte sich auch bei der Auswertung, über welche Portale die studentische Zielgruppe schon mal aktiv rekrutiert worden ist. Hier zeigte sich, dass viele Studenten noch gar nicht rekrutiert worden sind (57,64 %), aber rund 28,8 % schon mal über XING angeschrieben worden sind. Auch wurde deutlich, dass Microblogging-Dienste, wie Twitter, weder für die aktive Jobsuche, noch für Recruiting von Unternehmensseite eingesetzt werden. Dieses Ergebnis weist eine Passung mit den Erkenntnissen des Literaturteils auf. Das Nutzungspotenzial von Twitter liegt weit unter dem anderer Netzwerke, wie XING oder Facebook, auch wenn Twitter von einer jungen und städtisch geprägten Bevölkerung genutzt wird, die dem typischen Profil des Generation Y Anhängers entspricht (Bärmann, 2012). In der weiteren Auswertung sollten Recruitingportale qualitativ bewertet werden. Hier wurde das Portal XING mit Abstand am positivsten bewertet. Die extrahierten Kategorien aus den Aussagen ergaben, dass XING vor allem aufgrund des Businessbezugs, der starken Vernetzung, der Seriosität und der gezielten Bewerbersuche geschätzt wird. Dies lässt die Annahme zu, dass die studentische Zielgruppe ihre Ansprache in einem engen Bezugskontext verwirklicht sehen möchte. Das lässt sich durch Aussagen, wie „(bei XING) findet Business statt, Facebook ist eher privat" untermauern. Auch in der Fachliteratur wird XING als probates Netzwerk für die Personalsuche charakterisiert (Bärmann, 2012). Auch Online-Jobbörsen werden von der studentischen Zielgruppe als gute Möglichkeit gesehen, da sie „verschiedene Kategorien für verschiedene Jobangebote bereit halten". Zudem sind sie „übersichtlich und kostenfrei": Weiter wurden sie, mit einem Ergebnis von 66,27 %, als häufigstes Recruitinginstrument für die aktive Jobsuche der studentischen Zielgruppe eingesetzt. Dieses Ergebnis bestätigt die Erkenntnisse des theoretischen Hintergrunds. Online-Jobbörsen werden, laut einer repräsentativen Umfrage der Webseite statistica.de am häufigsten für die Jobsuche eingesetzt (Statista, 2013).

Weiterführend zeigte sich, dass die in der Literatur getroffene Charakterisierung, dass Social-Media-Recruiting lediglich als Ergänzungskanal zu charakterisieren ist (Social-Media-Recruiting, 2013), durch die explorative Studie bestätigt- Die klassischen Instrumente des Recruitings, die zu Beginn des Buches vorgestellt worden sind (Beispiel: Plakate und Aushänge, Personalberatungen, Zeitungsinserate), dominieren aus Sicht der studentischen Zielgruppe immer noch. Im Ergebnis wurde deutlich, dass nach Einschätzung der Befragten klassische Recruitinginstrumente mit 68 % genutzt werden, während Social-Media-Angebote lediglich auf einen Wert von 32 % kamen. Was weiter deutlich wurde, ist die Annahme der studentischen Zielgruppe, dass die Voraussetzungen, dass ein Unternehmen auf Social- Media-Maßnahmen zurück greift, primär von der Branche abhängig sind (79%). Die Expertise der Personalabteilung wird ebenfalls als wichtig eingestuft, was die Schlussfolgerung zulässt, dass die Etablierung einer Social-Media-Strategie an hohes Know-How geknüpft ist, trotz der leichten Verwendbarkeit von Social-Media-Angeboten.

Die Erwartungen an Social-Media-Angebote zeigen ein klares Bild, auch in Bezug auf die Erkenntnisse des Literaturteils. Die Charakterisierung von Social-Media-Recruiting als Ergänzungskanal zeigt sich in mehreren Stellen der Auswertung. Bei der Frage, was die Erwartungen der studentischen Zielgruppe an Social-Media-Angebote sind, wird dies deutlich. Social Media soll bei der Jobsuche eine Unterstützung darstellen und nicht ausschließlich der Jobsuche dienen (dies bejahten nur 10,7 % der Befragten).Das Vertrauen in Social-Media-Angebote ist gering, was möglicherweise mit dem mangelnden Vertrauen in Datenschutz und Datensicherheit verknüpft ist. In der Folge war die studentische Zielgruppe dazu aufgefordert anzugeben, was ein Unternehmen bezüglich der Social-Media-Angebote bereitstellen muss. Dort zeigte sich, dass vor allem nach Angeboten verlangt wird, die die studentische Zielgruppe jobperspektivisch betreffen. Es wurde ebenfalls sichtbar, dass die studentische Zielgruppe nach einer

Korrespondenz bei Fragen verlangt, was die Maßgabe der Forderung nach einer authentischen Kommunikation auf Augenhöhe zu bestätigen scheint (Blükle, Bieber & Mahlmann, 2012). Weniger wichtig seien Angebote, die nicht im direkten Einflussbereich des potenziellen Bewerbers liegen. Forderungen der Hinzunahme von Social Responsibility, also gesellschaftspolitischen Themen, spielen eine untergeordnete Rolle.

Die eben erwähnte Forderung nach einer authentischen Kommunikation auf Augenhöhe zeigte sich bei den hypothetischen Szenarios der Jobanfrage. Hier fordert die studentische Zielgruppe schnelle Rückantwort ein (innerhalb eines Tages) mit 46,84 % der Antworten. Geht ein Unternehmen nicht auf Anfragen ein, so sind Imageschäden die Folge. Bewerber fühlen sich nicht ernst genomuen und es wird auf die mangelnde Seriosität des Unternehmens (vgl. Tab. 12) verwiesen. Die Toleranz gegenüber einer Nichtbeachtung der Anfrage ist gering, da nur etwa 10 % der Ansicht sind, dass dies in den besten Unternehmen passieren kann. Dennoch sind 51,95 % der Befragten bereit, proaktiv Kontakt mit den Unternehmen aufzunehmen. Dieses Ergebnis ist allerdings einzuschränken, da rund 34,42 % der Befragten sich direkt woanders bewerben wollen. Dies bedeutet, dass eine Nichteinhaltung des geforderten Social-Media-Dialogs einen vorzeitigen Verlust von passgenauen Bewerbern zur Folge haben kann. Die Tendenz, die ausbleibende Reaktion des Unternehmens nach außen zu tragen, ist allerdings sehr gering (vgl. Tab 13.)

Ein großflächiges Thema bei der Behandlung dieses Themenfeldes war das Thema Datenschutz. Unternehmen sind aufgefordert sich rechtlich abzusichern, indem Sie Social-Media-Leitlinien formulieren. Es wurde offenkundig, dass der Begriff Social-Media -Guidelines wenig bekannt ist und nur etwa 34, 4 % der Befragten, Social-Media -Guidelines kennen. In der weiteren Auswertung wurde offenkundig, dass das Thema Datenschutz ein sensibles Thema ist, das kein eindeutiges Urteil in eine Richtung zulässt. Bei der Frage, ob Unternehmen Zugriff auf Daten der Nutzer haben sollen, zeigen sich genauso viele Befürworter wie Gegner. Erst bei einer differenzierten Nachfrage konnte ein klareres Bild gewonnen werden: Die Ergebnisse des Szenarios offenbaren komplexe Erkenntnisse. So würden sich rund 55 % der Beteiligten melden, wenn sie für einen Job angeworben werden. Überraschend ist, dass auch etwa 33 % der Befragten sich melden würden, wenn sie der Job nicht interessiert. Ein Verweis auf Privatsphäre oder Datenschutz würde nur von 1,36 % der Teilnehmer als Option gewählt. Dies zeigt, dass die nicht vorhandene Personalisierung des Unternehmens einen offenbar geringen Einfluss besitzt und es zu keiner aktiven Anklage dieses Vorgehens kommt. So wirkt es, als gäbe es eine Diskrepanz zwischen der öffentlich geforderten Einhaltung von Social-Media-Leitlinien (Blükle, 2012) und der scheinbar hohen Toleranz der studentischen Zielgruppe bei Datenschutzthemen. Bei der gezielten Nachfrage, wie ein Zugriff auf Daten zu bewerten sei, zeigte sich ein anderes Bild. Zwar wurde deutlich, dass es von der studentischen Zielgruppe als notwendige Maßnahme verstanden wird, über diese Weise an potentielle Kandidaten heran zu treten. Rund 53,42 % der Befragten gaben Ihre Zustimmung in diesem Punkt an, was zunächst zu einer konkludenten Übereinstimmung mit den im theoretischen Hintergrund des Buches gewonnen Erkenntnissen zulässt. Die Anhänger der Generation Y kommunizieren digital und fordern die digitale Kommunikation ein (Salmen, 2012). Dieses Ergebnis muss allerdings in seiner Eindeutigkeit eingeschränkt werden. Der Zugriff auf Daten wird grundsätzlich kritisch eingestuft, was sich dadurch illustriert, dass zusammenfassend rund 55,46 % der Teilnehmer dieses Vorgehen seitens der Unternehmen als unseriös, aufdringlich oder irrelevant einschätzen. Im letzen Punkt zum Thema Datenschutz wurden abhängige Faktoren der Jobanfrage erfragt. Hier zeigte sich, dass der Verweis auf Social-Media-Guidelines eine untergeordnete Rolle spielt. Vielmehr kam zum Tragen, das es besonders wichtig ist, wie die Anfrage inhaltlich aufgebaut ist, in welcher Branche das Unternehmen tätig ist und welche Referenzen es vorzuweisen hat. Dies lässt den Rückschluss zu, dass gelungene Employer-Branding-Maßnahmen (Beck, 2012) protektive Auswirkung auf die Wirkung des Unternehmens haben, als Verweise auf Datenschutz. Schlussendlich sollten von der studentischen Zielgruppe die Zukunftsaussichten im Bereich Social-Media-Recruiting postuliert werden.

Ein eindeutiges Ergebnis zeigte sich bei der Bewertung, ob Social-Media-Recruiting in Zukunft an Bedeutung gewinnen wird. Über 90 % der Befragten gehen von einem Bedeutungszuwachs aus. Dies bestätigen auch die Analysen des Portals Social-Media-com. Tatsächlich setzen bereits 74 % der deutschen Personaler Social-Media-Aktivitäten in ihrem Unternehmen ein (Social-Media-Recruiting, 2012). Der Trend geht demnach in eine Richtung, die einen klaren Anstieg in diesem Bereich proklamiert. Nachdem die studentische Zielgruppe schon im vorderen Teil der Auswertung Social-Media-Recruiting als Zusatzkanal charakterisierte, wird diese Einschätzung auch bei dem Vergleich mit klassischen Recruitinginstrumenten deutlich. Über 90 % der Befragten gehen davon aus, dass Social-Media-Recruiting das klassische Recruiting ergänzen wird, nur etwa 10 % gehen davon aus, dass es klassische Recruitingmethoden ersetzen wird. Bei der Frage, welche Recruitinginstrumente zukünftig an Bedeutung gewinnen werden, wurde XING mit 56,64 % am Häufigsten genannt. Im Bereich Social Media ist XING das am meist verbreiteteste Portal (Social-Media-Recruiting, 2011). Auch Globalisierungsfaktoren werden von der studentischen Zielgruppe als wichtiger Einfluss erkannt. Demnach wird Recruiting im Ausland mit rund 34 % ebenfalls als zukünftige Recruiting-Option wahrgenommen. Die im Literaturteil getätigte Aussage, dass Globalisierungsfaktoren zunehmend im Personalsektor adaptiert werden (Social-

Media-Recruiting, 2012), wird durch diese Einschätzungen der Teilnehmer der explorativen Imagestudie bestätigt.

Als Trendthema der Zukunft wird das Mobile Recruiting gesehen. In der explorativen Studie zeigte sich, dass momentan wenige der Teilnehmer auf mobiles Recruiting zurückgreifen. Dieses Ergebnis ist einzuschränken durch die insgesamt geringe Job-Erfahrung der studentischen Zielgruppe. Dennoch wird diese Form des Recruitings von rund 34 % der Befragten als bedeutungsvoll in der Zukunft gesehen. Das Gamification-Modell hingegen wird von der studentischen Zielgruppe weder als Zukunftsfaktor gesehen (1,6%), noch übermäßig gut bewertet. Dies liegt nach Meinung des Verfassers an der speziellen Ausrichtung. Gamification ist ein Konzept, das an die Spielbranche angelehnt ist und daher eher ein Nischensegment bedient.

Die komplexen Ergebnisse werden im fünften Kapitel zusammengefasst. Zunächst wird eine kritische Analyse der explorativen Studie vorgenommen.

4.2. Kritische Reflexion

Hinterfragt man die Ergebnisse der explorativen Studie kritisch, so ist festzuhalten, dass eine Generalisierbarkeit der Befunde auf eine Grundgesamtheit durch die Erhebung nicht möglich wird. Durch die Struktur, sich auf eine studentische Zielgruppe zu konzentrieren, ist eine Teilerhebung durchgeführt worden. Eine Selektion nach Studiengängen wurde nicht vorgenommen, um heterogene Ergebnisse zu generieren. Durch die heterogene Ansprache innerhalb der Zielgruppe, konnte hier ein repräsentatives Urteil möglich werden. Nach Meinung des Verfassers, ist es in dieser Studie maßgeblich gewesen, dass eine thematische Passung vorliegend ist. Aus diesem Grund wurde eine Zielgruppe gewählt, die einen starken Bezug zu digitalen Medien aufweist. Die Eigenschaften der Generation Y lassen sich auf die studentische Zielgruppe übertragen. Die Beantwortung der Fragen erforderte eine hohe Medienkompetenz. Von daher schien es sinnvoll, eine Zielgruppe auszuwählen, die Erfahrung mit digitalen Themen aufweist, auch um eine Überforderung der Teilnehmer zu verhindern. Die Verbindung aus Generationsaspekten und Fragen aus dem Themenspektrum Social-Media-Recruiting wurden für den Fragebogen verwendet, da diese Aspekte unmittelbar miteinander verknüpft sind. Die Erwartungen, die sich aus den Generationsaspekten der Generation Y ergeben, prägen die Ansprache seitens der Unternehmen und sind nicht ignorierbar. Zudem wurde eine Unvoreingenommenheit hergestellt, da die Befragten bisher wenig Berufserfahrung aufweisen und von daher nicht zu sehr von gefestigten Meinungen dominiert werden. Ein Anknüpfungspunkt an diese Studie wäre die Fokussierung auf eine ältere Zielgruppe, da diese einen internen Einblick in verschiedene Recruitingmethoden gewonnen hat und ein tendenziell reflektierteres

Urteil treffen kann. Das Thema Social-Media-Recruiting ist durch dynamische Prozesse geprägt, die sich vor allem durch das Medium Internet ergeben. Von daher sind die Fragestellungen, die sich im Fragebogen stellen, immer an zeitaktuelle Entwicklungen geknüpft. Die Zukunftsperspektiven im Bereich Social-Media-Recruiting ergeben sich immer aus aktuellen Begebenheiten.

Nachdem das vorliegende Buch kritisch beleuchte wurdet, wird nun ein finales Fazit formuliert, welches zentrale Erkenntnisse herausstellt. Auch sollen Implikationen für die Zukunft Teil des folgenden und letzten Kapitels sein.

5. Fazit und Implikationen für die Zukunft

Die Erkenntnisse des Buches sind differenziert zu betrachten. Es ist festzustellen, dass Social-Media-Recruiting sowohl in der Literatur, als auch in der explorativen Studie als Zukunftsmodell des Personalrecruitings erkannt wird. Konform zur Ausarbeitung des theoretischen Hintergrunds wird Social-Media-Recruiting als Zusatzkanal erkannt, der das klassische Recruiting nicht substituieren wird. Die Anhänger der Generation Y, deren Merkmale auf die studentische Zielgruppe passen, postulierten diese Einschätzung. Bei konkreten Jobanfragen setzt die studentische Zielgruppe den digitalen Dialog voraus. Es zeigte sich, dass sie schnelles Feedback erwartet. Präferiert wird ein Feedback innerhalb eines Tages, wenn die studentische Zielgruppe hypothetische Jobanfragen stellt. Ausbleibende Reaktionen führen zu Imageschäden und dazu, dass Bewerber andere Unternehmen in den Fokus setzen. Diese Entwicklung entspricht dem Trend, dass heutige Bewerber anspruchsvoller sind als früher. Durch innovative Social-Media-Strategien ist ein Unternehmen in der heutigen Zeit mehr gefordert auf sich aufmerksam zu machen. Auch gesellschaftspolitische Themen sind in ein Unternehmensprofil zu integrieren, auch wenn diese Aspekte aus Sicht der studentischen Zielgruppe eine untergeordnete Rolle spielen. Dennoch: Ein Perspektivenwechsel ist vollzogen worden. Der Mitarbeiter erwartet, dass ein Unternehmen in vielen Aspekten überzeugt. Dazu gehört der Social-Media-Dialog genauso wie die Berücksichtigung arbeitshumanistischer Themen. Das neoliberale Arbeitsethos, welches in der Vergangenheit dominierte, scheint generalüberholt (vgl. 2.3.4). Das Thema Datenschutz wird von der studentischen Zielgruppe differenziert bewertet. Einerseits wird der Zugriff auf Daten durch Unternehmen von der Hälfte der Teilnehmer abgelehnt, andererseits wird diese Möglichkeit als probate Variante des Social-Media-Recruitings unterstützt. Die Ergebnisse in diesem Themenfeld zeigen in jedem Fall, dass das Thema Datensensibilität von großer Wichtigkeit ist. Unternehmen sind dazu aufgefordert, Social Media-Guidelines zu entwerfen. Ein unerlaubter Zugriff der Unternehmen auf sensible Benutzerdaten schädigt das Image des Unternehmens. Das hat die explorative Studie deutlich gemacht. Lediglich bekannte Unternehmen können sich einen Zugriff erlauben, da die Bekanntheit und die dadurch bedingten Referenzen protektiven Charakter besitzen. Ein tieferer Blick auf die Portale zeigte, dass XING eindeutig als fähigstes Social-Media-Recruitingportal angesehen wird. Es wurde deutlich, dass für die studentische Zielgruppe Businessbezug und Seriosität eine große Rolle spielen. Studenten präferieren Angebote, die sich auf einen klar definierten Rahmen beziehen. Facebook definiert sich zwar durch eine höhere Reichweite, besitzt aber primär eine private Ausrichtung.
Die zukünftige Entwicklung des Social-Media-Recruitings wird sich durch eine weitere Zunahme des Einflusses definieren. Schnelle Kommunikation und Vernetzung sind

maßgebliche Charakteristika, die das Mobile Recruiting ausmachen. Aktuell wird diese Form des Recruitings noch wenig genutzt. Dennoch wird Mobile Recruiting von der studentischen Zielgruppe als Konzept erkannt, welches an Bedeutung gewinnen wird. Diese Entwicklung ist plausibel, so erfordert das Mobile Recruiting den gelernten Umgang mit digitalen Medien. Genau diese Anforderungen sind es, die sich an den Umgang mit Mobile Recruiting stellen und von den Anhängern der Generation Y ausgefüllt werden. Weitere Konzepte, wie das Gamification-Modell symbolisieren primär die Dynamik der Branche. So ist es in der heutigen Zeit nicht mehr auffällig, dass auch Recruitingkonzepte aus der Spielbranche als Modell fungieren können. Globalisierungsfaktoren führen zu einer voranschreitenden Barrierefreiheit, die sich auch auf das Recruiting übertragen lässt. Recruiting im Ausland wird zunehmen, da Unternehmen zunehmend internationalisieren und sich durch internationale Netzwerke, wie LinkedIn der Zugang zu Fachkräften aus dem Ausland erleichtert. Diese Entwicklung wird auch von der studentischen Zielgruppe erkannt und wurde im theoretischen Teil des Buches als Umfrageergebnis unter Personalen als Entwicklung der Zukunft (siehe 2.4.). Wie die zukünftige Entwicklung im Recruiting aussehen kann, hat das Beispiel Bertelsmann gezeigt. Hier hat sich der Recruitingprozess crossmdedial aufgefächert. Neben expliziten Recruitingveranstaltungen, sind Social-Media-Kanäle immer wieder ergänzend eingesetzt worden. Und dieses Vorgehen ist auch genau das, was in der Literatur und in der explorativen Studie deutlich wurde. Social Media wird als Ergänzung eingesetzt. Trotzdem kann das Beispiel Bertelsmann nicht generalisiert werden, da diese Form der Recruiting-Ansprache ein hohes Budget und Know How erfordert. Dennoch hat es gezeigt, wie positiv eine Ansprache über Social-Media-Kanäle bei einer studentischen Zielgruppe ankommt und aufgenommen wird.

Es bleibt festzuhalten, dass sich die Recruitingbranche einer dynamischen Entwicklung ausgesetzt sieht, die stark von den digitalen Prozessen des Internets beeinflusst wird. Durch diese Gegebenheit sind Modelle, wie das Mobile Recruiting, entstanden. Es zeigte sich, dass Unternehmen bei der Implementierung von Social-Media-Strategien auf klare Kommunikationsregeln angewiesen sind, die aus der Perspektive der Generation Y nachvollziehbar bleiben und authentisch sind. Durch Employer-Branding-Maßnahmen ist ein Unternehmen aufgefordert, eine solide Arbeitgebermarke aufzubauen. Wie der theoretische Hintergrund der Abreit aufzeigte, wird es von Unternehmensseite auch immer mehr darauf ankommen Personal über Mitarbeiterempfehlungsprogramme zu rekrutieren. Den Mitarbeiter auch als interne Ressource zu verstehen, der sowohl in fachlichen Fragen, als auch bei der Generierung von Personal mit einbezogen wird, könnte in Zukunft Grundverständnis werden. In den USA ist diese Methode schon gängige Praxis. Dabei ist die Kompetenz der gezielten Bewerberansprache besonders wichtig. Gerade im Bereich Social Media wird diese Kompetenz immer wichtiger werden, da viele Konkurrenten mit Profelisierungswillen auf einen wachsenden Markt drängen.

Literaturverzeichnis

Altobeli, C. (2007). *Marktforschung: Methoden – Anwendungen – Praxisbeispiele.* München: Wilhelm Fink Verlag.

Arbeitsratgeber (2013). Personalberater, Headhunter, Executive Search. Verfügbar unter: http://www.arbeitsratgeber.com/personalberatung-headhunter-0318.html (26.05.2013).

Arnold, H. (2012). *Personal gewinnen mit Social Media.* Freiburg: Haufe Verlag

Bauer, A. (2013). *User generated Content. Urheberrechtliche Zulässigkeit nutzengenerierter Medieninhalte.* Berlin: Springer Verlag.

Bärmann, F. (2012). *Social Media im Personalmanagement.* Heidelberg: Mitp.

Beck, C. (2012). *Personalmarketing 2.0. Vom Employer zum Recruiting.* Köln: Wolters Kluwer Deutschland.

Bernecker, M. & Beilharz, F. (2009). *Online Marketing.* Köln: Johanna-Verlag.

Bertelsmann (2013). Titelbild der „Create your own career Kampagne" Verfügbar unter: http://createyourowncareer.com/Working-at-Bertelsmann.html (24.05.2013).

Bieber P., Blükle, K. & Mahlmann, R. (2012). Don'ts des Talent Recruiting In. B. Rath & S. Salmen (Hrsg.), *Recruiting im Social Web* (S.276-281). Göttingen: Business Village Gmbh.

Bieber, P. & Salmen, S. (2012). Orientierung tut Not! Talent-Recruiting-Maßnahmen auf dem Prüfstand In. B. Rath & S. Salmen (Hrsg.), *Recruiting im Social Web.* (S.171-S.218). Göttingen: Business Village GmbH.

Blükle, K. (2012). Vorsicht Falle! – Juristische Stolpersteine im Web 2.0. In B. Rath und S. Salmen (Hrsg.), *Recruiting im Social Web* (S.252-275). Göttingen: Business Village GmbH.

Bode, A. (2013). *Bayrische Gründerberatung.* Verfügbar unter: http://www.bayerische-gruenderberatung.de/tag/crossmediale-vermarktung/ (13.05.2013).

Bornkamm, J. & Köhler, H. (2011). Gesetz gegen den unlauteren Wettbewerb. 22.Aufl.München: C.H. Beck Verlag.

Böhnisch, L. (1998). Das Generationsproblem im Lichte der Biografisierung und der Relativierung der Lebensalter. In J. Ecarius (Hrsg.), *Was will die jüngere mit der älteren Generation? Generationsbeziehungen in der Erziehungswissenschaft (S.67-79).* Opladen: Kolhammer Verlag.

Böhm, S. & Jäger, Jäger, W. (2011). Ergebnisse einer empirischen Studie zur Bewerberansprache über mobile Endgeräte. Verfügbar unter: http://www.djm.de/download/mobrec/Studie_Mobile_Recruiting_2011_Ergebnisse.pdf (04.07.2013).

Brickwedde, W. (2013). *Social-Media-Recruiting Studie 2012. Auf Facebook kann man nicht rekrutieren, oder doch?* Verfügbar unter: www.competetivrecruiting.de (22.4.2013).

Bruckner, C (2008). *Talent Relationship Management. Ein innovatives Instrument der Beziehungspflege zu High Potentials.* München: Grin Verlag.

Buchheim, C. (2012). Eine Arbeitgebermarke ist mehr als Social Media-Präsenz. In B. Rath & S. Salmen (Hrsg.), *Recruiting im Social Web* (S.276-281). Göttingen: Business Village Gmbh.

Budde, L. (2012). T3N. *We love technology. Facebook und Google + zum Trotz: Twitter in Deutschland immer beliebter.* Verfügbar unter: http://t3n.de/news/facebook-google-trotz-twitter-397414/ (6.6.2013).

Career Day Medzin 2013. *Orientierung, Anregung, Hilfestellung.* Verfügbar unter: http://www.marburger-bund.de/sites/default/files/dateien/termine/career-day-medizin/career-day-medizin-2013-programm-2013-09-28_0.pdf (26.04.2013)

DGPS (1997). *Explorative Datenanalyse.* Verfügbar unter: http://www.dgps.de/fachgruppen/methoden/mpr-online/issue1/art3/node8.html (04.10.2013).

DIS AG (2011). *Human Ressource Management, Studie zur Nutzung von sozialen Netzwerken im beruflichen Kontext.* Verfügbar unter: http://www.dis-ag.com/dis/Presse/Documents/DIS_AG_Social_Media_Studie_2011.pdf (03.05.2013):

E-Marketer (2010). *Aktivitäten der US Adults.* Verfügbar unter: http://www.emarketer.com/ (22.06.2013).

Fokus (2008). *Online Assessment: Schummeln nicht möglich.* Verfügbar unter: http://www.focus.de/finanzen/karriere/bewerbung/assessment/assessment-center/online-assessment-schummeln-nicht-moeglich_aid_312158.html (10.05.2013).

Frenner, H. (2013). *Was sich junge wünschen: Spass, nette Kollegen und Vollzeit Jobs.* Verfügbar unter: http://www.karriere.at/blog/junge-spass-kollegen-vollzeit.html (14.06.2013).

Friedmann, V. (2008). *Praxisbuch Web 2.0. Moderne Webseiten programmieren und gestalten.* Bonn: Galileo Computing.

Gabler Wirtschaftslexikon (2013). *Definition: Personalbeschaffung.* Verfügbar unter: http://wirtschaftslexikon.gabler.de/Definition/personalbeschaffung.html (10.5.2013).

Geißler, C. (2010). Was sind…Social Media? Im *Harvard Business Manager. 9/2010,* S.31.

Haas, S. (2013). Interview vom 6.Mai. 2013. *Süddeutsche Zeitung* (S.19).

Hesse, G. (2012) Personalmarketing 2.0 –Vom Employer Branding zum Recruiting. In C. Beck (Hrsg.), *Social Media* (S.245-273.). Köln: Wolters Klüwer Verlag.

Heymann-Reder, D. (2011). Social Media Marketing: Erfolgreiche Strategien für Sie und Ihr Unternehmen. München: Pearson Education Deutschland GmbH.

Hörstmann-Jungemann, M. (2006). *Recruitment – Chancen und Risiken.* München: GRIN Verlag

HSI Heidelberg (2013). *Partizipation, Gesundheit und wirtschaftlicher Erfolg. Neue Analysen und Erkenntnisse zum Gesundheitsmanagement.* Verfügbar unter: http://www.hsi-heidelberg.com/foren/507/vortrag/VF02.pdf (13.06.2013).

HTWK Leipzig (2013). Computern im Handwerk Internet. Verfügbar unter:http://www.wi.htwkleipzig.de/fileadmin/fbwiwi/Wirtschaftsinfo/Publikationen/2007/Bloggen.pdf (12.04.2013).

IT Wissen (2013). Definition Podcasts. Verfügbar unter: www.it-wissen.de (13.4.2013).

Jäger, W. (2009). *Crossmediales Recruiting.* Verfügbar unter: http://www.personalmarketingblog.ce/crossmediales-recruiting-fachgesprach-bei-wv-und-jobware (07.05.2013)

Jäger, W & Porr, D. (2008) Nutzenpotenziale des Web 2.0 im Personalmanagement. In DGFP (Hrsg.). *Web 2.0 im Personalmanagement,* Düsseldorf.

Kaltenbach, H.(2011). *Checkliste für zeitgemäßen Recruiting-Mix.* Verfügbar unter: http://www.business-wissen.de/personalmanagement/checkliste-recruiting-personal/

Kaufmann, M. (2012) *Arbeiten mit digitalen Cowboys – Runter mit der Maske!* Verfügbar unter: http://www.spiegel.de/karriere/berufsleben/nerd-management-wie-man-junge-it-fachleute-fuehrt-a-847736.html (22.4.2013).

Kirchhoff, S. (2008) *Der Fragebogen. Datenbasis, Konstruktion und Auswertung.* 4.Auf. Wiesbaden: Verlag für Sozialwissenschaften.

Krichner, J. (2013). Recruiting und Employer Branding bei Facebook. Verfügbar unter: www.attenta.de (18.04.2013).

Köck, P. & Ott, H. (1994). Wörterbuch für Erziehung und Unterricht. Donauwörth: Verlag Ludwig Auer.

Kromrey; H. (1994) *Empirische Sozialforschung: Modelle und Methoden der empirischen Datenerhebung und Datenauswertung* (12.Aufl). Stuttgart: UTW.

Leyenberg, A. (2011). *Recruiting in sozialen Netzwerken: Hauptsache mal was gepostet.* Verfügbar unter: http://www.faz.net/aktuell/beruf-chance/recruiting-in-sozialen-netzwerken-hauptsache-mal-was-gepostet-11565106.html (22.5.2013):

Mahrdt, N. (2009). *Crossmedia: Kampagnen erfolgreich planen und umsetzen.* Wiesbaden: Gabler Fachverlage.

Nickele, V.H. (2013). *XING-Konkurrent LinkedIn – Ein kurzer Vergleich.* Verfügbar unter: http://www.access.de/karriereplanung/karriere-tipps/vergleich-XING-linkedin-6952 (27.6.2013).

Oechsler, W. (2010). *Personal und Arbeit. Grundlagen des Human RessourManagements und der Arbeitgeber-Arbeitnehmer Beziehungen.* Oldenburg: Wissenschaftsverlag.

Onlinemarketing-Praxis (2013). Definition Microbloggs / Microblogging. Verfügbar unter: http://www.onlinemarketing-praxis.de/glossar/microblogs-microblogging (28.5.2013).

Pötschke, M. (2009). Datengewinnung, Datenaufbereitung und explorative Datenanalyse. In C. Wolf & H. Best (Hrsg.), *Handbuch der sozialwissenschaftlichen Datenanalyse (S.41-64)*. Heidelberg: VS Verlag.

Prensky, M. (2001). *Digital Natives, Digital Immigrants*. Edingburgh: MCB University Press

Presseportal (2013) *Randstadt Arbeitsbarometer 2011: Bedeutung von Social Media bei der Jobsuche nimmt zu*. Verfügbar unter: http://www.presseportal.de/pm/13588/2035775/randstad-arbeitsbarometer-2011-bedeutung-von-social-media-bei-der-jobsuche-nimmt-zu-mit-bild (17.05.2013).

Rath, S. & Salmen, S. (2012). *Recruiting im Social Web. Talentmanagement 2.0 – So begeistern Sie Netzwerker für Ihr Mitmach-Unternehmen*. Göttingen: Business Village Verlag.

Reynolds, H. & Weiner, J. (2009). *Online Recruiting and Selection*. Wiley Blackwell.

Rose, M. (2012). Berichte aus der Unternehmenspraxis. In B. Rath & S. Salmen (Hrsg.), *Recruiting im Social Web. Talentmanagement 2.0 – So begeistern Sie Netzwerker für Ihr Mitmach-Unternehmen* (S.328-338). Göttingen. Business Village Verlag.

Ruiz, E. (2009). *Discriminate or Diversity, Positive Psyche*. Biz Corp Lothian.

Salmen, S. (2012). *Recruiting im Social Web*. Göttingen: Business Village Gmbh.

Schlimbach, T (2008). *Generationen im Dialog. Intergenerationale Projektarbeit*. Saarbrücken: VDM Verlag. Dr. Müller.

Schulmeister, S. (2008). *Gibt es eine Net Generation?* (2.Aufl.). Hamburg: Universität Hamburg.

Schildhauer, T. & Voss, H. (2009). Kundenkommunikation im Zeitalter von Transparenz und Digitalisierung. Trendmontoring und Crowdsourcing. In A. Zerfaß & K. M. Möslein, (Hrsg.), *Kommunikation als Erfolgsfaktor im Kommunikationsmanagement* (S. 259-270), Leipzig: Universität Leipzig.

Schröter, M. (2010). *Personalmarketingblog* - Verfügbar unter: http://www.personalmarketingblog.de/interview-mit-dr-hans-christoph-krn-zum-siemens-recruiting-video.

Schulmeister, S. (2008). *Gibt es eine Net Generation?* (2.Aufl.). Hamburg: Universität Hamburg.

SEO Koeln (2013). *Arbeitsweise*. Verfügbar unter: http://www.seokoeln.de/arbeitsweise (10.06.2013).

Siemann, C.(2013). *E-Recruiting. Kandidatensuche in Social Networks*. Verfügbar unter: http://www.jobware.de/Karriere/E-Recruiting-Kandidatensuche-in-Social-Networks.html (10.05.13).

Social-Media-Recruiting (2012). *Management Zusammenfassung*. Verfügbar unter: online-recruiting.net (22.5.2013).

Speyer, M. & Wirtz, B. (2012). *Instrumente im Social Media Marketing*, 10/2012, S.512-518.

Statista (2013) Recruiting neuer Mitarbeiter im Internet 2011. Wo veröffentlicht ihr Unternehmen offene Stellen? Verfügbar unter: http://de.statista.com/statistik/daten/studie/76313/umfrage/unternehmen---neue-mitarbeiter-im-internet-suchen/ (30.05.2013)

Staude, J. (2013). E-Recruiting. Kandidatensuche in Social Networks. Verfügbar unter: http://www.jobware.de/Karriere/E-Recruiting-Kandidatensuche-in-Social-Networks.html (10.06.2013).

Stoeker, S. (2013). *Prism-talk bei Anne Will. Machtlos im „Universum von Cyber".* Verfügbar unter: http://www.spiegel.de/kultur/tv/prism-talk-bei-anne-will-machtlos-im-cyberspace-a-909352.html (04.07.2013).

Uni Bamberg (2013). Recruiting Trends 2011. Verfügbar unter: http://www.uni-bamberg.de/isdl/leistungen/transfer/e-recruiting/recruiting-trends/recruiting-trends-2011/

Weise, M. (2011). *Rekruiting der Net Generation. E-Recruiting mit Hilfe von Web 2.0 Tools.* Diplomica Verlag: Hamburg.

Werte, K (2012). *Neue Arbeitswelt: Die Generation Y ändert die Unternehmen.* Verfügbar unter: http://www.spiegel.de/karriere/berufsstart/generation-y-audi-personalvorstand-thomas-sigi-im-interview-a-848764.html (04.05.2013).

Wirtz, B. & Elsäßer, M. (2012). Instrumente im Social Media Marketing. *In WiSt – Zeitschrift für Studium und Forschung*, 10/2012, S.512-518.

Wulf, C. & Zirfas, J. (2004). *Die Kultur des Rituals. Inszenierungen, Praktiken, Symbole.* München: Wilhelm Fink Verlag.

Zils, E. (2013). Online-Recruiting.Net. Der internationale E-Recruiting Trend Blog. *Suchverhalten von Bewerbern im Internet.* Verfügbar unter: http://www.online-recruiting.net/suchverhalten-von-bewerbern-im-internet/ (24.05.2013)

Anhangsverzeichnis

Anhang A: Anschreiben an die Fachschaftsforen der Universität zu Köln
und dem Rhein Campus Remagen   88

Anhang B: Anschreiben an die Studenten der HS Fresenius   89

Anhang C:Fragebogen   90

Anhang A

Anschreiben an die Studenten der Universität zu Köln und den Rhein Campus Remagen

Sehr geehrte Studierende,

ich freue mich über jede Teilnahme an meiner Umfrage zum Thema: „Explorative Imagestudie zum Thema Social-Media-Recruiting am Beispiel einer studentischen Zielgruppe", die ich im Rahmen meiner Studie bei Frau Prof. Dr. Schnödewind an der HS Fresenius zu Köln durchführe. Die Umfrage wird in etwa 8-10 Minuten in Anspruch nehmen.

https://www.umfrageonline.com/s/f24663a

Herzliche Grüße

Kai Wichelmann

Anhang B

Anschreiben an die Studenten der HS Fresenius

Sehr geehrte Studierende der HS Fresenius,

bitte nehmt euch kurz Zeit und nehmt an meiner Umfrage mit dem Thema: Explorative Imagestudie zum Thema Social-Media-Recruiting am Beispiel einer studentischen Zielgruppe" teil, die ich im Rahmen meiner Studie bei Prof.Dr. Schnödewind an der HS Fresenius durchführe.

Die Auswertung erfolgt selbstverständlich anonym.

https://www.umfrageonline.com/s/f24663a

Herzlichen Dank

Kai Wichelmann

Anhang C

Fragebogen

Sehr geehrte Studierende,

ich freue mich über jede Teilnahme an meiner Umfrage zum Thema: "Explorative Imagestudie zum Thema Social-Media-Recruiting am Beispiel einer studentischen Zielgruppe", die ich im Rahmen meiner Studie bei Frau Prof. Dr. Schnödewind an der HS Fresenius zu Köln durchführe. Diese Umfrage wird etwa 8-10 Minuten in Anspruch nehmen.

Herzliche Grüße

Kai Wichelmann

---

1. Statistische Fragen

Geschlecht
- Männlich
- Weiblich

Alter

---

2. Generationseffekte (Eigenschaften und Merkmale)

2.1. Diese Umfrage richtet sich an eine studentische Zielgruppe. Soziologisch wird diese Zielgruppe mit dem Begriff der Generation Y verortet. Ist Ihnen der Begriff der Generation Y bekannt?
- Ja
- Nein

2.2. Was macht die Generation Y primär aus. Bitte entscheiden Sie sich für eine Antwort.
- Der gelernte Umgang mit digitalen Medien
- Die Infragestellung hierarchischer Führungsstrukturen
- Das Streben nach einer gesunden Work-Life-Balance
- Mitgestaltung und häufiger Arbeitsplatzwechsel
- Toleranz und Offenheit
- Weiß nicht
- Offenes Textfeld

3. Bekanntheit und Assoziationen mit dem Begriff Social-Media-Recruiting

Begleittext 1:

Um Mitarbeiter zu rekrutieren, greifen Unternehmen auf unterschiedliche Rekruitingkanäle zurück. In Zeiten von Social Media und Web 2.0 hat sich die Form der Ansprache verändert. Immer mehr Unternehmen nutzen die Ansprache über soziale Netzwerke.

3.1. *Der Begriff Social Media ist mir bekannt.*
- Ja
- Nein

3.2. *Wenn ich an Social-Media-Recruiting denke, habe ich eine konkrete Vorstellung.*
- Ja
- Nein

3.3. *Mit Social-Media-Recruiting assoziiere ich primär…*
- Ein modernes Tool im Bereich Personalbeschaffung
- Ein großes Durcheinander
- Vielfältige Anwendbarkeit
- Das Recruitingkonzept der Zukunft
- Einen Hype
- Offenes Textfeld

3.4. *Folgende Recruitingkanäle über Social Media sind mir bekannt*
- Beziehungsportale
- Businessnetzwerke
- Recruitingblogs
- Mobiles E-Recruiting
- Lokalisierungs-Apps mit Jobfunk
- Online-Assessment
- Keine
- Offenes Textfeld

4. Nutzungsaspekte und Erfahrungen mit Recruitingportalen

4.1. Welches Social Media-Angebot nutzen Sie am häufigsten, wenn Sie auf Jobsuche gehen?

- Facebook
- XING
- LinkedIn
- Mobile Recruiting
- Online-Jobbörsen
- Bewertungsportale
- Die Unternehmenswebseite
- Twitter
- Keines der Genannten
- Offenes Textfeld

4.2. Über welche Portale, die Social Media-Funktionen anbieten, sind Sie schon mal angeschrieben worden?

- Facebook
- XING
- LinkedIn
- Mobile-Apps
- Twitter
- Über Keins
- Offenes Textfeld

4.3. Welches Recruitingportal eignet sich Ihrer Meinung nach am Besten? Bitte kurz das Portal angeben und begründen.

_____

_____

_____

4.4. Nach Ihrer Einschätzung: Welche Recruitingportale werden heute häufiger genutzt?

- Klassische Recruitinginstrumente
- Social-Media-Angebote

4.5. Aus Ihrer Sicht: Wovon hängt es ab, ob ein Unternehmen Social-Media-Kanäle für das Recruiting verwendet?
- Von der Anzahl junger Mitarbeiter im Unternehmen
- Von der Branche
- Von der Größe des Unternehmens
- Vom Budget des Unternehmens
- Von der Expertise der Personalabteilung
- Von flachen Hierarchien innerhalb des Unternehmens
- Offenes Textfeld

5. Erwartungen an Social-Media-Angebote von Unternehmen

5.1. *Die Zahl der Social-Media-Angebote durch Unternehmen nimmt zu. Was sind Ihre Erwartungen gegenüber Social-Media-Angeboten, wenn Sie auf Jobsuche neben dem Studium gehen?*
- Social Media soll mich bei der Jobsuche unterstützen
- Ich nutze Social-Media-Angebote ausschließlich, wenn ich auf Jobsuche gehe
- Ich vertraue den Inhalten, die ein Unternehmen über Social-Media-Kanäle zu Verfügung stellt
- Offenes Textfeld
-

5.2. *Was sollte ein Social Media-Angebot eines Unternehmens aus Ihrer Sicht bereit stellen?*
- Informationen zu Stellenangeboten
- Karriereperspektiven
- Allgemeine Unternehmensnachrichten
- Erfahrungsberichte von Mitarbeitern
- Korrespondenz bei Fragen
- Gesellschaftspolitische Fragen
- Offenes Textfeld

5.3. *Angenommen: Sie haben eine konkrete Frage zu einem Stellenangebot: In welchem Zeitraum sollte das Unternehmen auf Ihr Anliegen reagieren?*
- Sofort (innerhalb von 10 Minuten)
- 2-3 Stunden
- 1 Tag
- 2-3 Tage
- *Eine Woche*
- *Offenes Textfeld*

5.4. *Stellen Sie sich vor: Ihr Anliegen wird nicht bearbeitet. Was folgern Sie?*
- Das Unternehmen arbeitet unprofessionell
- Das Unternehmen hat das Grundprinzip des Social-Media-Dialogs nicht verstanden
- Ich als Bewerber werde nicht ernst genommen
- Das kann in den besten Unternehmen passieren

5.5. *Wenn das Anliegen nicht bearbeitet wird, wie gehen Sie dann vor?*
- Ich nehme proaktiv Kontakt mit den Unternehmen auf
- Ich werde nicht weiter tätig und werde mich woanders bewerben
- Ich erzähle von meinen negativen Erfahrungen
- Ich werde aktiv, warne Freunde und rate Freunden/Innen sich dort nicht zu bewerben

6. Datenschutz

Begleittext 2:

Im folgenden Abschnitt soll es um das Thema Datenschutz gehen. Datenschutz ist ein großes Thema, insbesondere bei Recruiting-Anfragen über soziale Netzwerke. Unternehmen sind deshalb gefordert, Social-Media-Guidelines zu entwerfen.

6.1. *Der Begriff Social Media-Guideline (Leitlinie) ist mir bekannt.*
- Ja
- Nein

6.2. *Grundsätzlich: Finden Sie es richtig, dass Unternehmen in Social-Media-Kanälen aktiv sind und dadurch ggf. Zugriff auf Ihre Daten haben?*
- Ja
- Nein

7. Szenario

7.1 *Angenommen: Sie werden über Social-Media-Portale von einem Mitarbeiter aus einem Unternehmen angeschrieben, den sie nicht personalisiert in Ihrer Liste haben. Er möchte Sie für einen Job anwerben. Wie gehen Sie damit um?*
- Ich ignoriere die Anfrage
- Ich lese die Anfrage durch, aber belasse es dabei
- Ich melde mich nur, wenn mich das Jobangebot interessiert
- Ich melde mich auch, wenn mich das Jobangebot nicht interessiert und sage höflich ab
- Ich beschwere mich über die Anfrage und verweise auf Datenschutz und Privatsphäre

7.2 *Grundsätzlich: Wenn ich von einem Unternehmen zwecks Rekruitierung angeschrieben werde, ohne vorher Interesse bekundet zu haben, dann beurteile ich dieses Vorgehen als:*
- Notwendige Maßnahme des Unternehmens um Personal zu beschaffen
- unseriös
- aufdringlich
- Irrelevant

7.3 *Wenn Sie ein Unternehmen über Social-Media-Portale (wie z.b. XING) anschreibt: Welche Kriterien sind Ihnen wichtig, damit Sie ernsthaft mit der Anfrage umgehen? Nennen Sie bitte Ihre drei wichtigsten Kriterien.*
- Der Bekanntheitsgrad des Unternehmens
- Die Referenzen des Unternehmens
- Die Nennung wichtiger Ansprechpartner
- Die textliche und inhaltliche Aufbereitung der Anfrage
- Die Unternehmensbranche
- Der Verweis auf Social-Media-Guidelines

8. Zukunftsperspektiven

8.1 *Nach ihrer Einschätzung: Wird die Bedeutung von Social-Media-Recruiting weiter zunehmen?*
- Ja
- Nein

8.2. *Was glauben Sie? Welche Recruitingmöglichkeiten werden in Zukunft mehr an Bedeutung gewinnen?*
- Facebook
- XING
- LinkedIn
- Mobile Apps
- Gamification
- Recruiting im Ausland
- Klassische Recruitingkanäle
- Offenes Textfeld

8.3. *Was denken Sie? Social-Media-Recruiting wird klassische Recruitingkanäle...*
- ersetzen
- ergänzen

8.4. *Ein Modell ist das Gamification-Modell. Hier können zukünftige Mitarbeiter eine Karriere im Unternehmen virtuell durchlaufen, bevor Sie sich für eine Bewerbung entscheiden. Wie würden Sie diese Option bewerten?*
- Sehr positiv
- Eher positiv
- Weiß nicht
- Eher negativ
- Sehr negativ